TRANZLATY

Sprache ist für alle da

A língua é para todos

Das Kommunistische Manifest

O Manifesto Comunista

Karl Marx
&
Friedrich Engels

Deutsch / Português

Published by Tranzlaty

ISBN: 978-1-80572-353-0

Original text by Karl Marx and Friedrich Engels

The Communist Manifesto

First published in 1848

www.tranzlaty.com

Einleitung
Introdução

Ein Gespenst geht um in Europa – das Gespenst des Kommunismus

Um espectro assombra a Europa — o espectro do comunismo

Alle Mächte des alten Europa sind eine heilige Allianz eingegangen, um dieses Gespenst auszutreiben

Todas as Potências da velha Europa entraram numa santa aliança para exorcizar este espectro

Papst und Zaren, Metternich und Guizot, französische Radikale und deutsche Polizeispione

Papa e Czar, Metternich e Guizot, radicais franceses e espiões da polícia alemã

Wo ist die Oppositionspartei, die von ihren Gegnern an der Macht nicht als kommunistisch verschrien wurde?

Onde está o partido na oposição que não foi denunciado como comunista pelos seus opositores no poder?

Wo ist die Opposition, die nicht den Brandvorwurf des Kommunismus gegen die fortgeschritteneren Oppositionsparteien zurückgeschleudert hat?

Onde está a Oposição que não lançou de volta a censura branda do comunismo, contra os partidos mais avançados da oposição?

Und wo ist die Partei, die den Vorwurf nicht gegen ihre reaktionären Gegner erhoben hat?

E onde está o partido que não fez a acusação contra os seus adversários reacionários?

Aus dieser Tatsache ergeben sich zweierlei

Deste facto resultam duas coisas

I. Der Kommunismus wird bereits von allen europäischen Mächten als eine Macht anerkannt

I. O comunismo já é reconhecido por todas as potências europeias como sendo ele próprio uma potência

II. Es ist höchste Zeit, dass die Kommunisten ihre Ansichten, Ziele und Tendenzen offen vor der ganzen Welt offenlegen

II. É mais do que tempo de os comunistas publicarem abertamente, perante o mundo inteiro, as suas opiniões, objetivos e tendências

sie müssen diesem Kindermärchen vom Gespenst des Kommunismus mit einem Manifest der Partei selbst begegnen

devem encontrar este conto infantil do Espectro do Comunismo com um Manifesto do próprio partido

Zu diesem Zweck haben sich Kommunisten verschiedener Nationalitäten in London versammelt und folgendes Manifest entworfen

Para o efeito, comunistas de várias nacionalidades reuniram-se em Londres e esboçaram o seguinte Manifesto

Dieses Manifest wird in deutscher, englischer, französischer, italienischer, flämischer und dänischer Sprache veröffentlicht

este manifesto será publicado nas línguas alemã, inglesa, francesa, italiana, flamenga e dinamarquesa

Und jetzt soll es in allen Sprachen veröffentlicht werden, die Tranzlaty anbietet

E agora deve ser publicado em todas as línguas que Tranzlaty oferece

Bourgeois und Proletarier
Burgueses e proletários

Die Geschichte aller bisherigen Gesellschaften ist die Geschichte der Klassenkämpfe

A história de todas as sociedades até agora existentes é a história das lutas de classes

Freier und Sklave, Patrizier und Plebejer, Herr und Leibeigener, Zunftmeister und Geselle

Homem livre e escravo, patrício e plebeu, senhor e servo, mestre de guilda e viajante

mit einem Wort, Unterdrücker und Unterdrückte

numa palavra, opressor e oprimido

Diese sozialen Klassen standen in ständiger Opposition zueinander

Estas classes sociais mantiveram-se em constante oposição entre si

Sie führten einen ununterbrochenen Kampf. Jetzt versteckt, jetzt offen

eles continuaram uma luta ininterrupta. Agora escondido, agora aberto

Ein Kampf, der entweder in einer revolutionären Rekonstitution der Gesellschaft als Ganzes endete

uma luta que ou terminou numa reconstituição revolucionária da sociedade em geral

oder ein Kampf, der im gemeinsamen Ruin der streitenden Klassen endete

ou uma luta que terminou na ruína comum das classes em disputa

Blicken wir zurück auf die früheren Epochen der Geschichte

Olhemos para as épocas anteriores da história

Wir finden fast überall eine komplizierte Einteilung der Gesellschaft in verschiedene Ordnungen

encontramos em quase toda parte um complicado arranjo da sociedade em várias ordens

Es gab schon immer eine mannigfaltige Abstufung des sozialen Ranges

sempre houve uma gradação múltipla da posição social

Im alten Rom gibt es Patrizier, Ritter, Plebejer, Sklaven

Na Roma antiga temos patrícios, cavaleiros, plebeus, escravos

im Mittelalter: Feudalherren, Vasallen, Zunftmeister, Gesellen, Lehrlinge, Leibeigene

na Idade Média: senhores feudais, vassalos, senhores de guildas, viajantes, aprendizes, servos

In fast allen diesen Klassen sind wiederum untergeordnete Abstufungen

em quase todas essas classes, novamente, gradações subordinadas

Die moderne Bourgeoisie Gesellschaft ist aus den Trümmern der feudalen Gesellschaft hervorgegangen

A sociedade burguesa moderna brotou das ruínas da sociedade feudal

Aber diese neue Gesellschaftsordnung hat die Klassengegensätze nicht beseitigt

Mas esta nova ordem social não eliminou os antagonismos de classe

Sie hat nur neue Klassen und neue Unterdrückungsbedingungen geschaffen

Estabeleceu apenas novas classes e novas condições de opressão

Sie hat neue Formen des Kampfes an die Stelle der alten gesetzt

Estabeleceu novas formas de luta no lugar das antigas

Die Epoche, in der wir uns befinden, weist jedoch eine Besonderheit auf

No entanto, a época em que nos encontramos possui uma característica distintiva

die Epoche der Bourgeoisie hat die Klassengegensätze vereinfacht

a época da burguesia simplificou os antagonismos de classe

Die Gesellschaft als Ganzes spaltet sich mehr und mehr in zwei große feindliche Lager

A sociedade como um todo está cada vez mais dividida em dois grandes campos hostis

zwei große soziale Klassen, die sich direkt gegenüberstehen: Bourgeoisie und Proletariat

duas grandes classes sociais que se enfrentam diretamente: a burguesia e o proletariado

Aus den Leibeigenen des Mittelalters gingen die Bürger der ersten Städte hervor

Dos servos da Idade Média brotaram os burgueses fretados das primeiras cidades

Aus diesen Bürgern entwickelten sich die ersten Elemente der Bourgeoisie

A partir desses burgueses desenvolveram-se os primeiros elementos da burguesia

Die Entdeckung Amerikas und die Umrundung des Kaps

A descoberta da América e o arredondamento do Cabo

diese Ereignisse eröffneten der aufstrebenden Bourgeoisie neues Terrain

estes acontecimentos abriram um novo terreno para a burguesia em ascensão

Die ostindischen und chinesischen Märkte, die Kolonisierung Amerikas, der Handel mit den Kolonien

Os mercados da Índia Oriental e da China, a colonização da América, o comércio com as colónias

die Vermehrung der Tauschmittel und der Waren überhaupt

o aumento dos meios de troca e das mercadorias em geral

Diese Ereignisse gaben dem Handel, der Schiffahrt und der Industrie einen nie gekannten Impuls

Estes eventos deram ao comércio, à navegação e à indústria um impulso nunca antes conhecido

Sie gab dem revolutionären Element in der wankenden feudalen Gesellschaft eine rasche Entwicklung

Deu rápido desenvolvimento ao elemento revolucionário na sociedade feudal cambaleante

Geschlossene Zünfte hatten das feudale System der industriellen Produktion monopolisiert

As guildas fechadas monopolizaram o sistema feudal de produção industrial

Doch das reichte den wachsenden Bedürfnissen der neuen Märkte nicht mehr aus

Mas isso já não era suficiente para as necessidades crescentes dos novos mercados

Das Manufaktursystem trat an die Stelle des feudalen Systems der Industrie

O sistema manufatureiro tomou o lugar do sistema feudal da indústria

Die Zunftmeister wurden vom produzierenden Bürgertum auf die Seite gedrängt

Os mestres da guilda foram empurrados de um lado pela classe média manufatureira

Die Arbeitsteilung zwischen den verschiedenen korporativen Innungen verschwand

a divisão do trabalho entre as diferentes guildas empresariais desapareceu

Die Arbeitsteilung durchdrang jede einzelne Werkstatt

A divisão do trabalho penetrou em cada oficina

In der Zwischenzeit wuchsen die Märkte immer weiter und die Nachfrage stieg immer weiter

Entretanto, os mercados continuaram a crescer e a procura a aumentar

Selbst Fabriken reichten nicht mehr aus, um den Anforderungen gerecht zu werden

Mesmo as fábricas já não eram suficientes para atender às demandas

Daraufhin revolutionierten Dampf und Maschinen die industrielle Produktion

A partir daí, o vapor e as máquinas revolucionaram a produção industrial

An die Stelle der Manufaktur trat der Riese, die moderne Industrie

O lugar de fabricação foi tomado pela gigante, Indústria Moderna

An die Stelle des industriellen Mittelstandes traten industrielle Millionäre
O lugar da classe média industrial foi ocupado por milionários industriais

an die Stelle der Führer ganzer Industriearmeen trat die moderne Bourgeoisie
o lugar de líderes de exércitos industriais inteiros foi tomado pela burguesia moderna /

die Entdeckung Amerikas ebnete der modernen Industrie den Weg zur Etablierung des Weltmarktes
a descoberta da América abriu caminho para a indústria moderna estabelecer o mercado mundial

Dieser Markt gab dem Handel, der Schifffahrt und der Kommunikation auf dem Landweg eine ungeheure Entwicklung
Este mercado deu um imenso desenvolvimento ao comércio, navegação e comunicação por terra

Diese Entwicklung hat seinerzeit auf die Ausdehnung der Industrie reagiert
Esta evolução tem, no seu tempo, reagido à extensão da indústria

Sie reagierte in dem Maße, wie sich die Industrie ausbreitete, und wie sich Handel, Schiffahrt und Eisenbahn ausdehnten
reagiu proporcionalmente à forma como a indústria se expandiu e como o comércio, a navegação e os caminhos de ferro se estenderam

in demselben Maße, in dem sich die Bourgeoisie entwickelte, vermehrte sie ihr Kapital
na mesma proporção em que a burguesia se desenvolveu, eles aumentaram seu capital

und das Bourgeoisie drängte jede aus dem Mittelalter überlieferte Klasse in den Hintergrund
e a burguesia empurrou para segundo plano todas as classes transmitidas desde a Idade Média

daher ist die moderne Bourgeoisie selbst das Produkt eines langen Entwicklungsganges

portanto, a burguesia moderna é ela própria o produto de um longo curso de desenvolvimento

Wir sehen, dass es sich um eine Reihe von Revolutionen in der Produktions- und Tauschweise handelt

Vemos que é uma série de revoluções nos modos de produção e de troca

Jeder Schritt der Bourgeoisie Entwicklung ging mit einem entsprechenden politischen Fortschritt einher

Cada passo da burguesia desenvolvimentista era acompanhado por um avanço político correspondente

Eine unterdrückte Klasse unter der Herrschaft des feudalen Adels

Uma classe oprimida sob o domínio da nobreza feudal

ein bewaffneter und selbstverwalteter Verein in der mittelalterlichen Kommune

uma associação armada e autónoma na comuna medieval

hier eine unabhängige Stadtrepublik (wie in Italien und Deutschland)

aqui, uma república urbana independente (como na Itália e na Alemanha)

dort ein steuerpflichtiger "dritter Stand" der Monarchie (wie in Frankreich)

lá, um "terceiro patrimônio" tributável da monarquia (como na França)

Danach, in der Zeit der eigentlichen Herstellung

depois, no período de fabrico propriamente dito

die Bourgeoisie diente entweder der halbfeudalen oder der absoluten Monarchie

a burguesia servia a monarquia semifeudal ou absoluta;

oder die Bourgeoisie fungierte als Gegengewicht zum Adel

ou a burguesia agia como um contraponto contra a nobreza

und in der Tat war die Bourgeoisie ein Eckpfeiler der großen Monarchien überhaupt

e, de facto, a burguesia era uma pedra angular das grandes monarquias em geral

aber die moderne Industrie und der Weltmarkt haben sich seitdem etabliert

mas a Indústria Moderna e o mercado mundial estabeleceram-se desde então

und die Bourgeoisie hat sich die ausschließliche politische Herrschaft erobert

e a burguesia conquistou para si o domínio político exclusivo

sie erreichte diese politische Herrschaft durch den modernen repräsentativen Staat

conseguiu essa influência política através do Estado representativo moderno

Die Exekutive des modernen Staates ist nichts anderes als ein Verwaltungskomitee

Os executivos do Estado moderno são apenas um comité de gestão

und sie leiten die gemeinsamen Angelegenheiten der gesamten Bourgeoisie

e administram os assuntos comuns de toda a burguesia

Die Bourgeoisie hat historisch gesehen eine höchst revolutionäre Rolle gespielt

A burguesia, historicamente, desempenhou um papel revolucionário

Wo immer sie die Oberhand gewann, machte sie allen feudalen, patriarchalischen und idyllischen Verhältnissen ein Ende

onde quer que tenha vantagem, pôs fim a todas as relações feudais, patriarcais e idílicas

Sie hat erbarmungslos die bunten feudalen Bande zerrissen, die den Menschen an seine "natürlichen Vorgesetzten" banden

Rasgou impiedosamente os laços feudais heterogéneos que ligavam o homem aos seus "superiores naturais"

Und es ist kein Nexus zwischen Mensch und Mensch übrig geblieben, außer nacktem Eigeninteresse

e não deixou nenhum nexo entre o homem e o homem, a não ser o interesse próprio nu

Die Beziehungen der Menschen zueinander sind zu nichts anderem geworden als zu einer gefühllosen "Geldzahlung"

As relações do homem entre si tornaram-se nada mais do que um insensível "pagamento em dinheiro"

Sie hat die himmlischsten Ekstasen religiöser Inbrunst ertränkt

Afogou os mais celestiais êxtases do fervor religioso

sie hat ritterlichen Enthusiasmus und philiströsen Sentimentalismus übertönt

Afogou o entusiasmo cavalheiresco e o sentimentalismo filisteu

Sie hat diese Dinge im eisigen Wasser des egoistischen Kalküls ertränkt

Afogou estas coisas na água gelada do cálculo egoísta

Sie hat den persönlichen Wert in Tauschwert aufgelöst

Resolveu o valor pessoal em valor trocável

Sie hat die zahllosen und unveräußerlichen verbrieften Freiheiten ersetzt

substituiu as inúmeras e inalienáveis liberdades consagradas

und sie hat eine einzige, skrupellose Freiheit geschaffen; Freihandel

e instaurou uma liberdade única e inconcebível; Comércio livre

Mit einem Wort, sie hat dies für die Ausbeutung getan

Numa palavra, fê-lo para exploração

Ausbeutung, verschleiert durch religiöse und politische Illusionen

exploração velada por ilusões religiosas e políticas

Ausbeutung verschleiert durch nackte, schamlose, direkte, brutale Ausbeutung

exploração velada pela exploração nua, despudorada, direta, brutal

die Bourgeoisie hat den Heiligenschein von jedem zuvor geehrten und verehrten Beruf abgestreift

a burguesia despojou a auréola de todas as ocupações
anteriormente honradas e reverenciadas
**der Arzt, der Advokat, der Priester, der Dichter und der
Mann der Wissenschaft**
o médico, o advogado, o padre, o poeta e o homem de ciência
**Sie hat diese ausgezeichneten Arbeiter in ihre bezahlten
Lohnarbeiter verwandelt**
converteu estes trabalhadores ilustres em trabalhadores
assalariados remunerados
**Die Bourgeoisie hat der Familie den sentimentalen Schleier
weggerissen**
A burguesia rasgou o véu sentimental da família
**Und sie hat das Familienverhältnis auf ein bloßes
Geldverhältnis reduziert**
e reduziu a relação familiar a uma mera relação monetária
**die brutale Zurschaustellung der Kraft im Mittelalter, die
die Reaktionäre so sehr bewundern**
a brutal demonstração de vigor na Idade Média que os
reacionários tanto admiram
**Auch diese fand ihre passende Ergänzung in der trägesten
Trägheit**
mesmo isso encontrou o seu complemento adequado na mais
preguiçosa indolência
Die Bourgeoisie hat enthüllt, wie es dazu gekommen ist
A burguesia revelou como tudo isso aconteceu
**Die Bourgeoisie war die erste, die gezeigt hat, was die
Tätigkeit des Menschen bewirken kann**
A burguesia foi a primeira a mostrar o que a atividade do
homem pode trazer
**Sie hat Wunder vollbracht, die ägyptische Pyramiden,
römische Aquädukte und gotische Kathedralen bei weitem
übertreffen**
Realizou maravilhas superando em muito as pirâmides
egípcias, aquedutos romanos e catedrais góticas

und sie hat Expeditionen durchgeführt, die alle früheren Auszüge von Nationen und Kreuzzügen in den Schatten stellten

e realizou expedições que colocaram na sombra todos os antigos Êxodos de nações e cruzadas

Die Bourgeoisie kann nicht existieren, ohne die Produktionsmittel ständig zu revolutionieren

A burguesia não pode existir sem revolucionar constantemente os instrumentos de produção

und damit kann sie nicht ohne ihre Beziehungen zur Produktion existieren

e, portanto, não pode existir sem as suas relações de produção

und deshalb kann sie nicht ohne ihre Beziehungen zur Gesellschaft existieren

e, portanto, não pode existir sem as suas relações com a sociedade

Alle früheren Industrieklassen hatten eine Bedingung gemeinsam

Todas as classes industriais anteriores tinham uma condição em comum

Sie setzten auf die Bewahrung der alten Produktionsweisen

Apoiavam-se na conservação dos antigos modos de produção

aber die Bourgeoisie brachte eine völlig neue Dynamik mit sich

mas a burguesia trouxe consigo uma dinâmica completamente nova

Ständige Revolutionierung der Produktion und ununterbrochene Störung aller gesellschaftlichen Verhältnisse

Constante revolução da produção e perturbação ininterrupta de todas as condições sociais

diese immerwährende Unsicherheit und Unruhe unterscheidet die Epoche der Bourgeoisie von allen früheren

esta eterna incerteza e agitação distingue a época burguesa de todas as anteriores;

Die bisherigen Beziehungen zur Produktion waren mit alten und ehrwürdigen Vorurteilen und Meinungen verbunden

As relações anteriores com a produção vieram com preconceitos e opiniões antigas e veneráveis

Aber all diese festgefahrenen, eingefrorenen Beziehungen werden hinweggefegt

Mas todas essas relações fixas e congeladas são varridas

Alle neu gebildeten Verhältnisse werden antiquiert, bevor sie erstarren können

todas as relações recém-formadas tornam-se antiquadas antes de poderem ossificar

Alles, was fest ist, zerschmilzt in Luft, und alles, was heilig ist, wird entweiht

Tudo o que é sólido derrete no ar, e tudo o que é santo é profanado

Der Mensch ist endlich gezwungen, mit nüchternen Sinnen seinen wirklichen Lebensbedingungen ins Auge zu sehen

o homem é finalmente compelido a enfrentar com sentidos sóbrios, as suas reais condições de vida

und er ist gezwungen, sich seinen Beziehungen zu seinesgleichen zu stellen

e é obrigado a enfrentar as suas relações com a sua espécie

Die Bourgeoisie muss ständig ihre Märkte für ihre Produkte erweitern

A burguesia precisa constantemente expandir seus mercados para seus produtos

und deshalb wird die Bourgeoisie über die ganze Erdoberfläche gejagt

e, por isso, a burguesia é perseguida por toda a superfície do globo

Die Bourgeoisie muss sich überall einnisten, sich überall niederlassen, überall Verbindungen herstellen

A burguesia deve aninhar-se em todos os lugares, instalar-se em todos os lugares, estabelecer conexões em todos os lugares

Die Bourgeoisie muss in jedem Winkel der Welt Märkte schaffen, um sie auszubeuten

A burguesia deve criar mercados em todos os cantos do mundo para explorar

Die Produktion und der Konsum in jedem Land haben einen kosmopolitischen Charakter erhalten

A produção e o consumo em todos os países receberam um carácter cosmopolita

der Verdruss der Reaktionäre ist mit Händen zu greifen, aber er hat sich trotzdem fortgesetzt

o desgosto dos reacionários é palpável, mas manteve-se independentemente

Die Bourgeoisie hat der Industrie den nationalen Boden, auf dem sie stand, unter den Füßen weggezogen

A burguesia tirou de debaixo dos pés da indústria o terreno nacional em que se encontrava

Alle alteingesessenen nationalen Industrien sind zerstört worden oder werden täglich zerstört

todas as antigas indústrias nacionais foram destruídas, ou estão a ser destruídas diariamente

Alle alteingesessenen nationalen Industrien werden durch neue Industrien verdrängt

todas as antigas indústrias nacionais são desalojadas por novas indústrias

Ihre Einführung wird zu einer Frage von Leben und Tod für alle zivilisierten Völker

A sua introdução torna-se uma questão de vida ou morte para todas as nações civilizadas

Sie werden von Industrien verdrängt, die keine heimischen Rohstoffe mehr verarbeiten

são desalojados por indústrias que já não produzem matéria-prima autóctone

Stattdessen beziehen diese Industrien Rohstoffe aus den entlegensten Zonen

Em vez disso, estas indústrias retiram matérias-primas das zonas mais remotas

Industrien, deren Produkte nicht nur zu Hause, sondern in allen Teilen der Welt konsumiert werden

indústrias cujos produtos são consumidos, não só em casa, mas em todos os quartos do globo

An die Stelle der alten Bedürfnisse, die durch die Erzeugnisse des Landes befriedigt werden, treten neue Bedürfnisse

No lugar dos velhos desejos, satisfeitos pelas produções do país, encontramos novos desejos

Diese neuen Bedürfnisse bedürfen zu ihrer Befriedigung der Produkte aus fernen Ländern und Klimazonen

Estes novos desejos exigem para a sua satisfação os produtos de terras e climas distantes

An die Stelle der alten lokalen und nationalen Abgeschiedenheit und Selbstversorgung tritt der Handel

No lugar da antiga reclusão e autossuficiência local e nacional, temos o comércio

internationaler Austausch in alle Richtungen; universelle Interdependenz der Nationen

intercâmbio internacional em todas as direções; interdependência universal das nações

Und so wie wir von Materialien abhängig sind, so sind wir von der intellektuellen Produktion abhängig

E assim como dependemos dos materiais, também dependemos da produção intelectual

Die geistigen Schöpfungen der einzelnen Nationen werden zum Gemeingut

As criações intelectuais de nações individuais tornam-se propriedade comum

Nationale Einseitigkeit und Engstirnigkeit werden immer unmöglicher

A unilateralidade e a estreiteza de espírito nacionais tornam-se cada vez mais impossíveis

Und aus den zahlreichen nationalen und lokalen Literaturen entsteht eine Weltliteratur

e das inúmeras literaturas nacionais e locais, surge uma literatura mundial

durch die rasche Verbesserung aller Produktionsmittel

pelo rápido aperfeiçoamento de todos os instrumentos de produção

durch die immens erleichterten Kommunikationsmittel

pelos meios de comunicação imensamente facilitados

Die Bourgeoisie zieht alle (auch die barbarischsten Nationen) in die Zivilisation hinein

A burguesia atrai todas (mesmo as nações mais bárbaras) para a civilização

Die billigen Preise seiner Waren; die schwere Artillerie, die alle chinesischen Mauern niederreißt

Os preços baratos de suas commodities; a artilharia pesada que derruba todas as muralhas chinesas

Der hartnäckige Fremdenhass der Barbaren wird zur Kapitulation gezwungen

O ódio intensamente obstinado dos bárbaros aos estrangeiros é forçado a capitular

Sie zwingt alle Nationen, unter Androhung des Aussterbens, die Bourgeoisie Produktionsweise anzunehmen

Obriga todas as nações, sob pena de extinção, a adotar o modo de produção burguês

Sie zwingt sie, das, was sie Zivilisation nennt, in ihre Mitte einzuführen

obriga-os a introduzir o que chama civilização no seu meio

Die Bourgeoisie zwingt die Barbaren, selbst zur Bourgeoisie zu werden

A burguesia força os bárbaros a tornarem-se eles próprios burgueses

mit einem Wort, die Bourgeoisie schafft sich eine Welt nach ihrem Bilde

numa palavra, a burguesia cria um mundo à sua própria imagem

Die Bourgeoisie hat das Land der Herrschaft der Städte unterworfen

A burguesia submeteu o campo ao domínio das cidades

Sie hat riesige Städte geschaffen und die Stadtbevölkerung
stark vergrößert

Criou cidades enormes e aumentou muito a população urbana

Sie rettete einen beträchtlichen Teil der Bevölkerung vor der
Idiotie des Landlebens

resgatou uma parte considerável da população da idiotice da
vida rural

Aber sie hat die Menschen auf dem Lande von den Städten
abhängig gemacht

mas tornou os do campo dependentes das cidades

Und ebenso hat sie die barbarischen Länder von den
zivilisierten abhängig gemacht

e, do mesmo modo, tornou os países bárbaros dependentes
dos civilizados

Bauernnationen gegen Völker der Bourgeoisie, Osten gegen
Westen

nações de camponeses sobre nações de burguesia, o Oriente
sobre o Ocidente

Die Bourgeoisie beseitigt den zerstreuten Zustand der
Bevölkerung mehr und mehr

A burguesia acaba com o estado disperso da população cada
vez mais

Sie hat die Produktion agglomeriert und das Eigentum in
wenigen Händen konzentriert

Tem produção aglomerada, e tem propriedade concentrada
em poucas mãos

Die notwendige Konsequenz daraus war eine politische
Zentralisierung

A consequência necessária foi a centralização política

Es gab unabhängige Nationen und lose miteinander
verbundene Provinzen

havia nações independentes e províncias pouco conectadas

Sie hatten getrennte Interessen, Gesetze, Regierungen und
Steuersysteme

tinham interesses, leis, governos e sistemas fiscais distintos

Aber sie sind zu einer Nation zusammengeschmolzen, mit einer Regierung

Mas eles se agruparam em uma nação, com um único governo

Sie haben jetzt ein nationales Klasseninteresse, eine Grenze und einen Zolltarif

têm agora um interesse de classe nacional, uma fronteira e uma pauta aduaneira

Und dieses nationale Klasseninteresse ist unter einem Gesetzbuch vereinigt

e este interesse de classe nacional é unificado sob um código de lei

die Bourgeoisie hat während ihrer knapp hundertjährigen Herrschaft viel erreicht

a burguesia conseguiu muito durante o seu governo de escassos cem anos

massivere und kolossalere Produktivkräfte als alle vorhergehenden Generationen zusammen

forças produtivas mais maciças e colossais do que todas as gerações anteriores juntas

Die Kräfte der Natur sind dem Willen des Menschen und seiner Maschinerie unterworfen

As forças da natureza estão subjugadas à vontade do homem e da sua maquinaria

Die Chemie wird auf alle Industrieformen und Landwirtschaftsformen angewendet

A química é aplicada a todas as formas de indústria e tipos de agricultura

Dampfschiffahrt, Eisenbahnen, elektrische Telegraphen und die Druckerpresse

navegação a vapor, ferrovias, telégrafos elétricos e imprensa

Rodung ganzer Kontinente für den Anbau, Kanalisierung von Flüssen

limpeza de continentes inteiros para cultivo, canalização de rios

ganze Populationen wurden aus dem Boden gezaubert und an die Arbeit gebracht

populações inteiras foram retiradas do solo e postas a trabalhar

Welches frühere Jahrhundert hatte auch nur eine Ahnung von dem, was entfesselt werden könnte?

Que século anterior tinha sequer um pressentimento do que poderia ser desencadeado?

Wer hat vorausgesagt, dass solche Produktivkräfte im Schoß der gesellschaftlichen Arbeit schlummern?

Quem previu que tais forças produtivas dormiam no colo do trabalho social?

Wir sehen also, daß die Produktions- und Tauschmittel in der feudalen Gesellschaft erzeugt wurden

Vemos então que os meios de produção e de troca foram gerados na sociedade feudal

die Produktionsmittel, auf deren Grundlage sich die Bourgeoisie aufbaute

os meios de produção sobre cujos alicerces a burguesia se construiu

Auf einer bestimmten Stufe der Entwicklung dieser Produktions- und Tauschmittel

Numa determinada fase do desenvolvimento destes meios de produção e de troca

die Bedingungen, unter denen die feudale Gesellschaft produzierte und tauschte

as condições em que a sociedade feudal produzia e trocava

Die feudale Organisation der Landwirtschaft und des verarbeitenden Gewerbes

a organização feudal da agricultura e da indústria transformadora

Die feudalen Eigentumsverhältnisse waren mit den materiellen Verhältnissen nicht mehr vereinbar

as relações feudais de propriedade já não eram compatíveis com as condições materiais

Sie mussten gesprengt werden, also wurden sie auseinandergesprengt

Eles tinham que ser estourados, então eles foram estourados

An ihre Stelle trat die freie Konkurrenz der Produktivkräfte
Em seu lugar entrou a livre concorrência das forças produtivas
Und sie wurden von einer ihr angepassten sozialen und politischen Verfassung begleitet
e foram acompanhadas por uma constituição social e política adaptada a ela
und sie wurde begleitet von der ökonomischen und politischen Herrschaft der Bourgeoisie Klasse
e foi acompanhada pela influência econômica e política da classe burguesa
Eine ähnliche Bewegung vollzieht sich vor unseren eigenen Augen
Um movimento semelhante está acontecendo diante de nossos próprios olhos
Die moderne Bourgeoisie Gesellschaft mit ihren Produktions-, Tausch- und Eigentumsverhältnissen
A sociedade burguesa moderna com suas relações de produção, de troca e de propriedade
eine Gesellschaft, die so gigantische Produktions- und Tauschmittel heraufbeschworen hat
uma sociedade que conjurou meios de produção e de troca tão gigantescos
Es ist wie der Zauberer, der die Mächte der Unterwelt heraufbeschworen hat
É como o feiticeiro que convocou os poderes do mundo Nether
Aber er ist nicht mehr in der Lage, zu kontrollieren, was er in die Welt gebracht hat
Mas ele não é mais capaz de controlar o que trouxe ao mundo
Viele Jahrzehnte lang war die vergangene Geschichte durch einen roten Faden miteinander verbunden
Durante muitas décadas, a história passada esteve ligada por um fio condutor
Die Geschichte der Industrie und des Handels ist nichts anderes als die Geschichte der Revolten

A história da indústria e do comércio não passou da história
das revoltas
**die Revolten der modernen Produktivkräfte gegen die
modernen Produktionsbedingungen**
as revoltas das forças produtivas modernas contra as
modernas condições de produção
**die Revolten der modernen Produktivkräfte gegen die
Eigentumsverhältnisse**
As revoltas das forças produtivas modernas contra as relações
de propriedade
**diese Eigentumsverhältnisse sind die Bedingungen für die
Existenz der Bourgeoisie**
essas relações de propriedade são as condições para a
existência da burguesia
**und die Existenz der Bourgeoisie bestimmt die Regeln der
Eigentumsverhältnisse**
e a existência da burguesia determina as regras das relações de
propriedade
**Es genügt, die periodische Wiederkehr von Handelskrisen
zu erwähnen**
Basta referir o regresso periódico das crises comerciais
**jede Handelskrise ist für die Bourgeoisie Gesellschaft
bedrohlicher als die letzte**
cada crise comercial é mais ameaçadora para a sociedade
burguesa do que a anterior
**In diesen Krisen wird ein großer Teil der bestehenden
Produkte vernichtet**
Nestas crises, uma grande parte dos produtos existentes é
destruída
**Diese Krisen zerstören aber auch die zuvor geschaffenen
Produktivkräfte**
Mas essas crises também destroem as forças produtivas
previamente criadas
**In allen früheren Epochen wären diese Epidemien als
Absurdität erschienen**

Em todas as épocas anteriores, estas epidemias teriam parecido um absurdo

denn diese Epidemien sind die kommerziellen Krisen der Überproduktion

porque estas epidemias são as crises comerciais da sobreprodução

Die Gesellschaft befindet sich plötzlich wieder in einem Zustand der momentanen Barbarei

A sociedade vê-se subitamente colocada de novo num estado de barbárie momentânea

als ob ein allgemeiner Verwüstungskrieg jede Möglichkeit des Lebensunterhalts abgeschnitten hätte

como se uma guerra universal de devastação tivesse cortado todos os meios de subsistência

Industrie und Handel scheinen zerstört worden zu sein; Und warum?

a indústria e o comércio parecem ter sido destruídos; e porquê?

Weil es zu viel Zivilisation und Subsistenzmittel gibt

Porque há demasiada civilização e meios de subsistência

Und weil es zu viel Industrie und zu viel Handel gibt

e porque há demasiada indústria e demasiado comércio

Die Produktivkräfte, die der Gesellschaft zur Verfügung stehen, entwickeln nicht mehr das Bourgeoisie Eigentum

As forças produtivas à disposição da sociedade não desenvolvem mais a propriedade burguesa

im Gegenteil, sie sind zu mächtig geworden für diese Verhältnisse, durch die sie gefesselt sind

pelo contrário, tornaram-se demasiado poderosos para estas condições, pelas quais estão limitados

sobald sie diese Fesseln überwunden haben, bringen sie Unordnung in die ganze Bourgeoisie Gesellschaft

assim que superam esses grilhões, trazem desordem a toda a sociedade burguesa

und die Produktivkräfte gefährden die Existenz des Bourgeoisie Eigentums

e as forças produtivas colocam em risco a existência da propriedade burguesa

Die Bedingungen der Bourgeoisie Gesellschaft sind zu eng, um den von ihnen geschaffenen Reichtum zu erfassen

As condições da sociedade burguesa são demasiado estreitas para abarcar a riqueza por elas criada.

Und wie überwindet die Bourgeoisie diese Krisen?

E como a burguesia supera essas crises?

Einerseits überwindet sie diese Krisen durch die erzwungene Vernichtung einer Masse von Produktivkräften

Por um lado, supera estas crises com a destruição forçada de uma massa de forças produtivas

Andererseits überwindet sie diese Krisen durch die Eroberung neuer Märkte

Por outro lado, supera essas crises pela conquista de novos mercados

Und sie überwindet diese Krisen durch die gründlichere Ausbeutung der alten Produktivkräfte

e supera essas crises pela exploração mais profunda das velhas forças de produção

Das heißt, indem sie den Weg für umfangreichere und zerstörerischere Krisen ebnen

Ou seja, abrindo caminho a crises mais extensas e mais destrutivas

Sie überwindet die Krise, indem sie die Mittel zur Krisenprävention einschränkt

supera a crise diminuindo os meios de prevenção das crises

Die Waffen, mit denen die Bourgeoisie den Feudalismus zu Fall brachte, sind jetzt gegen sich selbst gerichtet

As armas com que a burguesia derrubou o feudalismo estão agora voltadas contra si mesma

Aber die Bourgeoisie hat nicht nur die Waffen geschmiedet, die sich selbst den Tod bringen

Mas não só a burguesia forjou as armas que trazem a morte para si mesma

Sie hat auch die Männer ins Leben gerufen, die diese Waffen führen sollen

chamou também à existência os homens que devem empunhar essas armas

Und diese Männer sind die moderne Arbeiterklasse; Sie sind die Proletarier

e esses homens são a classe trabalhadora moderna; são os proletários

In dem Maße, wie die Bourgeoisie entwickelt ist, entwickelt sich auch das Proletariat

Na mesma proporção em que a burguesia se desenvolve, na mesma proporção se desenvolve o proletariado

Die moderne Arbeiterklasse entwickelte eine Klasse von Arbeitern

A classe operária moderna desenvolveu uma classe de trabalhadores

Diese Klasse von Arbeitern lebt nur so lange, wie sie Arbeit findet

Esta classe de trabalhadores vive apenas enquanto encontrar trabalho

Und sie finden nur so lange Arbeit, wie ihre Arbeit das Kapital vermehrt

e só encontram trabalho enquanto o seu trabalho aumenta o capital

Diese Arbeiter, die sich stückweise verkaufen müssen, sind eine Ware

Estes trabalhadores, que têm de se vender aos poucos, são uma mercadoria

Diese Arbeiter sind wie jeder andere Handelsartikel

estes trabalhadores são como qualquer outro artigo de comércio

und sie sind folglich allen Wechselfällen des Wettbewerbs ausgesetzt

e, consequentemente, estão expostos a todas as vicissitudes da concorrência

Sie müssen alle Schwankungen des Marktes überstehen

têm de resistir a todas as flutuações do mercado

Aufgrund des umfangreichen Maschineneinsatzes und der Arbeitsteilung

Devido ao uso extensivo de máquinas e à divisão do trabalho

Die Arbeit der Proletarier hat jeden individuellen Charakter verloren

O trabalho dos proletários perdeu todo o caráter individual

Und folglich hat die Arbeit der Proletarier für den Arbeiter jeden Reiz verloren

e, consequentemente, o trabalho dos proletários perdeu todo o encanto para o operário

Er wird zu einem Anhängsel der Maschine und nicht mehr zu dem Mann, der er einmal war

Ele se torna um apêndice da máquina, em vez do homem que ele já foi

Nur das einfachste, eintönigste und am leichtesten zu erwerbende Geschick wird von ihm verlangt

apenas lhe é exigido o talento mais simples, monótono e mais facilmente adquirido

Daher sind die Produktionskosten eines Arbeiters begrenzt

Assim, o custo de produção de um operário é restrito

sie beschränkt sich fast ausschließlich auf die Mittel zur Bestreitung des Lebensunterhalts, die er zu seinem Unterhalt benötigt

restringe-se quase inteiramente aos meios de subsistência de que necessita para o seu sustento

und sie beschränkt sich auf die Subsistenzmittel, die er zur Fortpflanzung seiner Rasse benötigt

e restringe-se aos meios de subsistência de que necessita para a propagação da sua raça

Aber der Preis einer Ware, also auch der Arbeit, ist gleich ihren Produktionskosten

Mas o preço de uma mercadoria e, portanto, também do trabalho, é igual ao seu custo de produção

In dem Maße also, wie die Widerwärtigkeit der Arbeit zunimmt, sinkt der Lohn

Na proporção, portanto, à medida que a repulsividade do trabalho aumenta, o salário diminui

Ja, die Widerwärtigkeit seiner Arbeit nimmt sogar noch mehr zu

Não, a repulsividade do seu trabalho aumenta a um ritmo ainda maior

In dem Maße, wie der Einsatz von Maschinen und die Arbeitsteilung zunehmen, steigt auch die Last der Arbeit

À medida que aumenta a utilização de maquinaria e a divisão do trabalho, aumenta também o peso da labuta

Die Arbeitsbelastung wird durch die Verlängerung der Arbeitszeit erhöht

O peso da labuta é aumentado pelo prolongamento do horário de trabalho

Dem Arbeiter wird in der gleichen Zeit mehr zugemutet als zuvor

espera-se mais do trabalhador no mesmo tempo que antes

Und natürlich wird die Last der Arbeit durch die Geschwindigkeit der Maschinerie erhöht

e, claro, a carga da labuta é aumentada pela velocidade do maquinário

Die moderne Industrie hat die kleine Werkstatt des patriarchalischen Meisters in die große Fabrik des industriellen Kapitalisten verwandelt

A indústria moderna converteu a pequena oficina do mestre patriarcal na grande fábrica do capitalista industrial

Massen von Arbeitern, die in die Fabrik gedrängt sind, sind wie Soldaten organisiert

Massas de trabalhadores, amontoados na fábrica, organizam-se como soldados

Als Gefreite der Industriearmee stehen sie unter dem Kommando einer vollkommenen Hierarchie von Offizieren und Unteroffizieren

Como soldados do exército industrial, são colocados sob o comando de uma hierarquia perfeita de oficiais e sargentos

sie sind nicht nur die Sklaven der Bourgeoisie und des
Staates

não são apenas escravos da classe burguesa e do Estado

Aber sie werden auch täglich und stündlich von der
Maschine versklavt

mas também são escravizados diária e horariamente pela
máquina

sie sind Sklaven des Aufsehers und vor allem des einzelnen
Bourgeoisie Fabrikanten selbst

são escravizados pelo vigiador e, sobretudo, pelo próprio
fabricante individual da burguesia

Je offener dieser Despotismus den Gewinn als seinen Zweck
und sein Ziel proklamiert, desto kleinlicher, verhaßter und
verbitterender ist er

Quanto mais abertamente este despotismo proclama o ganho
como sendo o seu fim e objetivo, mais mesquinho, mais odioso
e mais amargo é

Je mehr sich die moderne Industrie entwickelt, desto
geringer sind die Unterschiede zwischen den Geschlechtern

quanto mais moderna a indústria se desenvolve, menores são
as diferenças entre os sexos

Je geringer die Geschicklichkeit und Kraftanstrengung der
Handarbeit ist, desto mehr wird die Arbeit der Männer von
der der Frauen verdrängt

Quanto menor a habilidade e o esforço de força implicados no
trabalho manual, mais o trabalho dos homens é substituído
pelo das mulheres

Alters- und Geschlechtsunterschiede haben für die
Arbeiterklasse keine besondere gesellschaftliche Gültigkeit
mehr

As diferenças de idade e sexo já não têm qualquer validade
social distintiva para a classe trabalhadora

Alle sind Arbeitsinstrumente, die je nach Alter und
Geschlecht mehr oder weniger teuer zu gebrauchen sind

Todos são instrumentos de trabalho, mais ou menos
dispendiosos de usar, consoante a sua idade e sexo

sobald der Arbeiter seinen Lohn in bar erhält, wird er von den übrigen Teilen der Bourgeoisie angegriffen

assim que o trabalhador recebe seu salário em dinheiro, ele é imposto pelas outras parcelas da burguesia

der Vermieter, der Ladenbesitzer, der Pfandleiher usw

o senhorio, o comerciante, o corretor de penhores, etc

Die unteren Schichten der Mittelschicht; die kleinen Handwerker und Ladenbesitzer

Os estratos mais baixos da classe média; os pequenos comerciantes e lojistas

die pensionierten Gewerbetreibenden überhaupt, die Handwerker und Bauern

os comerciantes reformados em geral, e os artesãos e camponeses

all dies sinkt allmählich in das Proletariat ein

tudo isso se afunda gradualmente no proletariado

theils deshalb, weil ihr winziges Kapital nicht ausreicht für den Maßstab, in dem die moderne Industrie betrieben wird

em parte porque o seu capital diminuto não é suficiente para a escala em que a Indústria Moderna é levada a cabo

und weil sie in der Konkurrenz mit den Großkapitalisten überschwemmt wird

e porque está inundada na concorrência com os grandes capitalistas

zum Teil deshalb, weil ihr spezialisiertes Können durch die neuen Produktionsmethoden wertlos wird

em parte porque a sua competência especializada se torna inútil devido aos novos métodos de produção

So rekrutiert sich das Proletariat aus allen Klassen der Bevölkerung

Assim, o proletariado é recrutado de todas as classes da população

Das Proletariat durchläuft verschiedene Entwicklungsstufen

O proletariado passa por vários estágios de desenvolvimento

Mit ihrer Geburt beginnt der Kampf mit der Bourgeoisie

Com o seu nascimento começa a sua luta com a burguesia

Zuerst wird der Kampf von einzelnen Arbeitern geführt
Em primeiro lugar, o concurso é realizado por trabalhadores
individuais
**Dann wird der Kampf von den Arbeitern einer Fabrik
ausgetragen**
em seguida, o concurso é realizado pelos trabalhadores de
uma fábrica
**Dann wird der Kampf von den Arbeitern eines Gewerbes an
einem Ort ausgetragen**
em seguida, o concurso é realizado pelos operadores de um
comércio, em uma localidade
**und der Kampf richtet sich dann gegen die einzelne
Bourgeoisie, die sie direkt ausbeutet**
e a disputa é então contra a burguesia individual que os
explora diretamente
**Sie richten ihre Angriffe nicht gegen die Bourgeoisie
Produktionsbedingungen**
Dirigem seus ataques não contra as condições de produção da
burguesia
**aber sie richten ihren Angriff gegen die Produktionsmittel
selbst**
mas dirigem o seu ataque contra os próprios instrumentos de
produção
**Sie vernichten importierte Waren, die mit ihrer Arbeitskraft
konkurrieren**
destroem produtos importados que competem com a sua mão
de obra
Sie zertrümmern Maschinen und setzen Fabriken in Brand
despedaçam maquinaria e incendeiam fábricas
**sie versuchen, den verschwundenen Status des Arbeiters des
Mittelalters mit Gewalt wiederherzustellen**
procuram restaurar pela força o estatuto desaparecido do
operário da Idade Média
**In diesem Stadium bilden die Arbeiter noch eine
unzusammenhängende Masse, die über das ganze Land
verstreut ist**

Nesta fase, os trabalhadores ainda formam uma massa incoerente espalhada por todo o país

und sie werden durch ihre gegenseitige Konkurrenz zerrissen

e são desmembrados pela concorrência mútua

Wenn sie sich irgendwo zu kompakteren Körpern vereinigen, so ist dies noch nicht die Folge ihrer eigenen aktiven Vereinigung

Se em algum lugar eles se unem para formar corpos mais compactos, isso ainda não é consequência de sua própria união ativa

aber es ist eine Folge der Vereinigung der Bourgeoisie, ihre eigenen politischen Ziele zu erreichen

mas é uma consequência da união da burguesia, para atingir seus próprios fins políticos

die Bourgeoisie ist gezwungen, das ganze Proletariat in Bewegung zu setzen

a burguesia é obrigada a pôr todo o proletariado em movimento

und überdies ist die Bourgeoisie eine Zeitlang dazu in der Lage

e, além disso, por enquanto, a burguesia é capaz de fazê-lo

In diesem Stadium kämpfen die Proletarier also nicht gegen ihre Feinde

Nesta fase, portanto, os proletários não lutam contra seus inimigos

Stattdessen kämpfen sie gegen die Feinde ihrer Feinde

mas, em vez disso, eles estão lutando contra os inimigos de seus inimigos

Der Kampf gegen die Überreste der absoluten Monarchie und die Großgrundbesitzer

a luta contra os remanescentes da monarquia absoluta e os latifundiários

sie bekämpfen die nicht-industrielle Bourgeoisie; das Kleiliche Bourgeoisie

combatem a burguesia não-industrial; a pequena burguesia

So ist die ganze historische Bewegung in den Händen der Bourgeoisie konzentriert

Assim, todo o movimento histórico está concentrado nas mãos da burguesia

jeder so errungene Sieg ist ein Sieg der Bourgeoisie

cada vitória assim obtida é uma vitória da burguesia

Aber mit der Entwicklung der Industrie wächst nicht nur die Zahl des Proletariats

Mas, com o desenvolvimento da indústria, o proletariado não só aumenta em número

das Proletariat konzentriert sich in größeren Massen und seine Kraft wächst

o proletariado concentra-se em massas maiores e a sua força cresce

und das Proletariat spürt diese Kraft mehr und mehr

e o proletariado sente cada vez mais essa força

Die verschiedenen Interessen und Lebensbedingungen in den Reihen des Proletariats gleichen sich mehr und mehr an

Os vários interesses e condições de vida dentro das fileiras do proletariado são cada vez mais equalizados

sie werden in dem Maße größer, wie die Maschinerie alle Unterschiede der Arbeit verwischt

tornam-se mais proporcionais à medida que a maquinaria oblitera todas as distinções de trabalho

Und die Maschinen senken fast überall die Löhne auf das gleiche niedrige Niveau

e as máquinas em quase todo o lado reduzem os salários para o mesmo nível baixo

Die wachsende Konkurrenz der Bourgeoisie und die daraus resultierenden Handelskrisen lassen die Löhne der Arbeiter immer schwankender

A crescente concorrência entre a burguesia e as consequentes crises comerciais tornam os salários dos trabalhadores cada vez mais flutuantes

Die unaufhörliche Verbesserung der sich immer schneller entwickelnden Maschinen macht ihren Lebensunterhalt immer prekärer

O aperfeiçoamento incessante das máquinas, em desenvolvimento cada vez mais rápido, torna a sua subsistência cada vez mais precária

die Kollisionen zwischen einzelnen Arbeitern und einzelnen Bourgeoisien nehmen immer mehr den Charakter von Zusammenstößen zwischen zwei Klassen an

as colisões entre operários individuais e burguesias individuais assumem cada vez mais o caráter de colisões entre duas classes

Darauf beginnen die Arbeiter, sich gegen die Bourgeoisie zu verbünden (Gewerkschaften)

A partir daí, os trabalhadores começam a formar combinações (Sindicatos) contra a burguesia

Sie schließen sich zusammen, um die Löhne hoch zu halten

eles se unem para manter o ritmo dos salários

sie gründeten ständige Vereinigungen, um für diese gelegentlichen Revolten im voraus Vorsorge zu treffen

fundaram associações permanentes para se preverem previamente a estas revoltas ocasionais

Hier und da bricht der Wettkampf in Ausschreitungen aus

Aqui e ali a disputa irrompe em tumultos

Hin und wieder siegen die Arbeiter, aber nur für eine gewisse Zeit

De vez em quando os trabalhadores saem vitoriosos, mas só por um tempo

Die wirkliche Frucht ihrer Kämpfe liegt nicht in den unmittelbaren Ergebnissen, sondern in der immer größer werdenden Vereinigung der Arbeiter

O verdadeiro fruto das suas batalhas reside, não no resultado imediato, mas na união dos trabalhadores em constante expansão

Diese Vereinigung wird durch die verbesserten Kommunikationsmittel unterstützt, die von der modernen Industrie geschaffen werden

Esta união é ajudada pelos meios de comunicação melhorados que são criados pela indústria moderna

Die moderne Kommunikation bringt die Arbeiter verschiedener Orte miteinander in Kontakt

A comunicação moderna coloca os trabalhadores de diferentes localidades em contato uns com os outros

Es war gerade dieser Kontakt, der nötig war, um die zahlreichen lokalen Kämpfe zu einem nationalen Kampf zwischen den Klassen zu zentralisieren

Era precisamente este contacto que era necessário para centralizar as numerosas lutas locais numa luta nacional entre classes

Alle diese Kämpfe haben den gleichen Charakter, und jeder Klassenkampf ist ein politischer Kampf

Todas estas lutas têm o mesmo carácter, e cada luta de classes é uma luta política

die Bürger des Mittelalters mit ihren elenden Landstraßen brauchten Jahrhunderte, um ihre Vereinigungen zu bilden

os burgueses da Idade Média, com suas estradas miseráveis, precisaram de séculos para formar suas uniões

Die modernen Proletarier erreichen dank der Eisenbahn ihre Gewerkschaften innerhalb weniger Jahre

Os proletários modernos, graças às ferrovias, alcançam suas uniões em poucos anos

Diese Organisation der Proletarier zu einer Klasse formte sie folglich zu einer politischen Partei

Esta organização dos proletários em uma classe consequentemente os formou em um partido político

Die politische Klasse wird immer wieder durch die Konkurrenz zwischen den Arbeitern selbst verärgert

A classe política está continuamente a ser perturbada novamente pela concorrência entre os próprios trabalhadores

Aber die politische Klasse erhebt sich weiter, stärker, fester, mächtiger

Mas a classe política continua a levantar-se, mais forte, mais firme, mais poderosa

Er zwingt zur gesetzgeberischen Anerkennung der besonderen Interessen der Arbeitnehmer

Obriga ao reconhecimento legislativo dos interesses particulares dos trabalhadores

sie tut dies, indem sie sich die Spaltungen innerhalb der Bourgeoisie selbst zunutze macht

fá-lo aproveitando-se das divisões entre a própria burguesia

Damit wurde das Zehnstundengesetz in England in Kraft gesetzt

Assim, a lei das dez horas em Inglaterra foi transformada em lei

in vielerlei Hinsicht ist der Zusammenstoß zwischen den Klassen der alten Gesellschaft ferner der Entwicklungsgang des Proletariats

em muitos aspetos, as colisões entre as classes da velha sociedade são ainda o curso do desenvolvimento do proletariado

Die Bourgeoisie befindet sich in einem ständigen Kampf

A burguesia encontra-se envolvida numa batalha constante

Zuerst wird sie sich in einem ständigen Kampf mit der Aristokratie wiederfinden

A princípio, ele se verá envolvido em uma batalha constante com a aristocracia

später wird sie sich in einem ständigen Kampf mit diesen Teilen der Bourgeoisie selbst wiederfinden

mais tarde, ver-se-á envolvido numa batalha constante com essas parcelas da própria burguesia

und ihre Interessen werden dem Fortschritt der Industrie entgegengesetzt sein

e os seus interesses ter-se-ão tornado antagónicos ao progresso da indústria

zu allen Zeiten werden ihre Interessen mit der Bourgeoisie fremder Länder in Konflikt geraten sein

em todos os momentos, seus interesses terão se tornado antagônicos com a burguesia de países estrangeiros

In allen diesen Kämpfen sieht sie sich genötigt, an das Proletariat zu appellieren, und bittet es um Hilfe

Em todas estas batalhas vê-se compelido a apelar ao proletariado e pede a sua ajuda

Und so wird sie sich gezwungen sehen, sie in die politische Arena zu zerren

e, assim, sentir-se-á compelido a arrastá-lo para a arena política

Die Bourgeoisie selbst versorgt also das Proletariat mit ihren eigenen Instrumenten der politischen und allgemeinen Erziehung

A própria burguesia, portanto, fornece ao proletariado seus próprios instrumentos de educação política e geral

mit anderen Worten, sie liefert dem Proletariat Waffen für den Kampf gegen die Bourgeoisie

em outras palavras, fornece ao proletariado armas para combater a burguesia

Ferner werden, wie wir schon gesehen haben, ganze Schichten der herrschenden Klassen in das Proletariat hineingestürzt

Além disso, como já vimos, setores inteiros das classes dominantes são precipitados no proletariado

der Fortschritt der Industrie saugt sie in das Proletariat hinein

o avanço da indústria os suga para o proletariado

oder zumindest sind sie in ihren Existenzbedingungen bedroht

ou, pelo menos, estão ameaçados nas suas condições de existência

Diese versorgen auch das Proletariat mit frischen Elementen der Aufklärung und des Fortschritts

Estes também fornecem ao proletariado novos elementos de esclarecimento e progresso

Endlich, in Zeiten, in denen sich der Klassenkampf der entscheidenden Stunde nähert

Finalmente, nos tempos em que a luta de classes se aproxima da hora decisiva

Der Auflösungsprozess innerhalb der herrschenden Klasse

o processo de dissolução em curso no seio da classe dominante

In der Tat wird die Auflösung, die sich innerhalb der herrschenden Klasse vollzieht, in der gesamten Bandbreite der Gesellschaft zu spüren sein

De facto, a dissolução em curso no seio da classe dominante far-se-á sentir em toda a sociedade

Sie wird einen so gewalttätigen, krassen Charakter annehmen, dass ein kleiner Teil der herrschenden Klasse sich selbst abtreibt

assumirá um carácter tão violento e flagrante que uma pequena parte da classe dominante se deixa à deriva

Und diese herrschende Klasse wird sich der revolutionären Klasse anschließen

e que a classe dominante se juntará à classe revolucionária

Die revolutionäre Klasse ist die Klasse, die die Zukunft in ihren Händen hält

sendo a classe revolucionária a classe que tem o futuro nas suas mãos

Wie in früheren Zeiten ging ein Teil des Adels zur Bourgeoisie über

Tal como num período anterior, uma parte da nobreza passou para a burguesia

ebenso wird ein Teil der Bourgeoisie zum Proletariat übergehen

da mesma forma que uma parcela da burguesia irá para o proletariado

insbesondere wird ein Teil der Bourgeoisie zu einem Teil der Bourgeoisie Ideologen übergehen

em particular, uma parcela da burguesia irá para uma parcela
dos ideólogos da burguesia

**Bourgeoisie Ideologen, die sich auf die Ebene erhoben
haben, die historische Bewegung als Ganzes theoretisch zu
begreifen**

Ideólogos burgueses que se elevaram ao nível de compreender
teoricamente o movimento histórico como um todo

**Von allen Klassen, die heute der Bourgeoisie
gegenüberstehen, ist das Proletariat allein eine wirklich
revolutionäre Klasse**

De todas as classes que hoje estão frente a frente com a
burguesia, só o proletariado é uma classe realmente
revolucionária

**Die anderen Klassen zerfallen und verschwinden
schließlich im Angesicht der modernen Industrie**

As outras classes decaem e finalmente desaparecem diante da
Indústria Moderna

das Proletariat ist ihr besonderes und wesentliches Produkt

o proletariado é o seu produto especial e essencial

**Die untere Mittelschicht, der kleine Fabrikant, der
Ladenbesitzer, der Handwerker, der Bauer**

A classe média baixa, o pequeno fabricante, o comerciante, o
artesão, o camponês

all diese Kämpfe gegen die Bourgeoisie

todos estes lutam contra a burguesia

**Sie kämpfen als Fraktionen der Mittelschicht, um sich vor
dem Aussterben zu retten**

lutam como frações da classe média para se salvarem da
extinção

Sie sind also nicht revolutionär, sondern konservativ

Não são, portanto, revolucionários, mas conservadores

**Ja, mehr noch, sie sind reaktionär, denn sie versuchen, das
Rad der Geschichte zurückzudrehen**

Mais ainda, são reacionários, pois tentam inverter a roda da
história

Wenn sie zufällig revolutionär sind, so sind sie es nur im Hinblick auf ihre bevorstehende Überführung in das Proletariat

Se por acaso são revolucionários, só o são tendo em vista a sua iminente transferência para o proletariado

Sie verteidigen also nicht ihre gegenwärtigen, sondern ihre zukünftigen Interessen

defendem, assim, não o seu presente, mas os seus interesses futuros

sie verlassen ihren eigenen Standpunkt, um sich auf den des Proletariats zu stellen

abandonam o seu próprio ponto de vista para se colocarem no do proletariado

Die »gefährliche Klasse«, der soziale Abschaum, diese passiv verrottende Masse, die von den untersten Schichten der alten Gesellschaft abgeworfen wird

A "classe perigosa", a escória social, essa massa passivamente apodrecida expulsa pelas camadas mais baixas da velha sociedade

sie können hier und da von einer proletarischen Revolution in die Bewegung hineingerissen werden

podem, aqui e ali, ser arrastados para o movimento por uma revolução proletária

Seine Lebensbedingungen bereiten ihn jedoch viel mehr auf die Rolle eines bestochenen Werkzeugs reaktionärer Intrigen vor

suas condições de vida, no entanto, preparam-no muito mais para o papel de um instrumento subornado de intriga reacionária

In den Verhältnissen des Proletariats sind die Verhältnisse der alten Gesellschaft im Allgemeinen bereits praktisch überschwemmt

Nas condições do proletariado, as da velha sociedade em geral já estão praticamente inundadas

Der Proletarier ist ohne Eigentum

O proletário está sem propriedade

sein Verhältnis zu Frau und Kindern hat mit den
Familienverhältnissen der Bourgeoisie nichts mehr gemein
sua relação com a esposa e os filhos não tem mais nada em
comum com as relações familiares da burguesia
**moderne industrielle Arbeit, moderne Unterwerfung unter
das Kapital, dasselbe in England wie in Frankreich, in
Amerika wie in Deutschland**
trabalho industrial moderno, sujeição moderna ao capital, o
mesmo na Inglaterra como na França, na América como na
Alemanha
**Seine Stellung in der Gesellschaft hat ihm jede Spur von
nationalem Charakter genommen**
a sua condição na sociedade despojou-o de todos os vestígios
de carácter nacional
**Gesetz, Moral, Religion sind für ihn so viele Bourgeoisie
Vorurteile**
O direito, a moral, a religião, são para ele tantos preconceitos
burgueses
**und hinter diesen Vorurteilen lauern ebenso viele
Bourgeoisie Interessen**
e por detrás destes preconceitos escondem-se em emboscada
tantos interesses burgueses
**Alle vorhergehenden Klassen, die die Oberhand gewannen,
versuchten, ihren bereits erworbenen Status zu festigen**
Todas as classes anteriores que obtiveram vantagem,
procuraram fortalecer o seu estatuto já adquirido
**Sie taten dies, indem sie die Gesellschaft als Ganzes ihren
Aneignungsbedingungen unterwarfen**
Fizeram-no submetendo a sociedade em geral às suas
condições de apropriação
**Die Proletarier können nicht Herren der Produktivkräfte der
Gesellschaft werden**
Os proletários não podem tornar-se senhores das forças
produtivas da sociedade
**Sie kann dies nur tun, indem sie ihre eigene bisherige
Aneignungsweise abschafft**

só o pode fazer abolindo o seu próprio modo anterior de apropriação

Und damit hebt sie auch jede andere bisherige Aneignungsweise auf

e, assim, também abole qualquer outro modo anterior de apropriação

Sie haben nichts Eigenes zu sichern und zu festigen

Eles não têm nada de próprio para garantir e fortificar

Ihre Aufgabe ist es, alle bisherigen Sicherheiten und Versicherungen für individuelles Eigentum zu vernichten

A sua missão é destruir todos os títulos anteriores e seguros de propriedade individual

Alle bisherigen historischen Bewegungen waren Bewegungen von Minderheiten

Todos os movimentos históricos anteriores eram movimentos de minorias

oder es handelte sich um Bewegungen im Interesse von Minderheiten

ou eram movimentos no interesse das minorias

Die proletarische Bewegung ist die selbstbewusste, selbständige Bewegung der ungeheuren Mehrheit

O movimento proletário é o movimento autoconsciente e independente da imensa maioria

Und es ist eine Bewegung im Interesse der großen Mehrheit

e é um movimento no interesse da imensa maioria

Das Proletariat, die unterste Schicht unserer heutigen Gesellschaft

O proletariado, o estrato mais baixo da nossa sociedade atual

Sie kann sich nicht regen oder erheben, ohne daß die ganze übergeordnete Schicht der offiziellen Gesellschaft in die Luft geschleudert wird

não pode agitar-se ou erguer-se sem que todas as camadas superiores da sociedade oficial sejam lançadas no ar

Der Kampf des Proletariats mit der Bourgeoisie ist, wenn auch nicht der Substanz nach, doch zunächst ein nationaler Kampf

Embora não em substância, mas em forma, a luta do proletariado com a burguesia é, a princípio, uma luta nacional

Das Proletariat eines jeden Landes muss natürlich vor allem mit seiner eigenen Bourgeoisie abrechnen

O proletariado de cada país deve, naturalmente, em primeiro lugar, resolver as questões com a sua própria burguesia

Indem wir die allgemeinsten Phasen der Entwicklung des Proletariats schilderten, verfolgten wir den mehr oder weniger verhüllten Bürgerkrieg

Ao retratar as fases mais gerais do desenvolvimento do proletariado, traçamos a guerra civil mais ou menos velada

Diese Zivilgesellschaft wütet in der bestehenden Gesellschaft

Este civil está a grassar na sociedade existente

Er wird bis zu dem Punkt wüten, an dem dieser Krieg in eine offene Revolution ausbricht

Vai enfurecer até ao ponto em que essa guerra irrompe em revolução aberta

und dann legt der gewaltsame Sturz der Bourgeoisie die Grundlage für die Herrschaft des Proletariats

e então a violenta derrubada da burguesia lança as bases para a influência do proletariado

Bisher beruhte jede Gesellschaftsform, wie wir bereits gesehen haben, auf dem Antagonismus unterdrückender und unterdrückter Klassen

Até agora, todas as formas de sociedade se baseavam, como já vimos, no antagonismo das classes opressoras e oprimidas

Um aber eine Klasse zu unterdrücken, müssen ihr gewisse Bedingungen zugesichert werden

Mas, para oprimir uma classe, certas condições devem ser-lhe asseguradas

Die Klasse muss unter Bedingungen gehalten werden, unter denen sie wenigstens ihre sklavische Existenz fortsetzen kann

a classe deve ser mantida em condições em que possa, pelo menos, continuar a sua existência servil

Der Leibeigene erhob sich in der Zeit der Leibeigenschaft zum Mitglied der Kommune

O servo, no período da servidão, elevou-se a membro da comuna

so wie es dem Kleinbourgeoisie unter dem Joch des feudalen Absolutismus gelang, sich zur Bourgeoisie zu entwickeln

assim como a pequena burguesia, sob o jugo do absolutismo feudal, conseguiu se transformar em uma burguesia

Der moderne Arbeiter dagegen sinkt, anstatt sich mit dem Fortschritt der Industrie zu erheben, immer tiefer

O trabalhador moderno, pelo contrário, em vez de se elevar com o progresso da indústria, afunda-se cada vez mais

Er sinkt unter die Existenzbedingungen seiner eigenen Klasse

afunda-se abaixo das condições de existência da sua própria classe

Er wird ein Bettler, und der Pauperismus entwickelt sich schneller als Bevölkerung und Reichtum

Ele se torna um indigente, e o pauperismo se desenvolve mais rapidamente do que a população e a riqueza

Und hier zeigt sich, dass die Bourgeoisie nicht mehr geeignet ist, die herrschende Klasse in der Gesellschaft zu sein

E aqui fica evidente que a burguesia não está mais apta a ser a classe dominante na sociedade

und sie ist ungeeignet, der Gesellschaft ihre Existenzbedingungen als übergeordnetes Gesetz aufzuzwingen

e é inapta a impor à sociedade as suas condições de existência como lei imperativa

Sie ist unfähig zu herrschen, weil sie unfähig ist, ihrem Sklaven in seiner Sklaverei eine Existenz zu sichern

É inapto para governar porque é incompetente para assegurar uma existência ao seu escravo dentro da sua escravidão

denn sie kann nicht anders, als ihn in einen solchen Zustand sinken zu lassen, daß sie ihn ernähren muss, statt von ihm gefüttert zu werden

porque não pode deixar que ele se afunde em tal estado, que tem que alimentá-lo, em vez de ser alimentado por ele

Die Gesellschaft kann nicht länger unter dieser Bourgeoisie leben

A sociedade não pode mais viver sob essa burguesia

Mit anderen Worten, ihre Existenz ist nicht mehr mit der Gesellschaft vereinbar

por outras palavras, a sua existência já não é compatível com a sociedade

Die wesentliche Bedingung für die Existenz und die Herrschaft der Bourgeoisie Klasse ist die Bildung und Vermehrung des Kapitals

A condição essencial para a existência, e para o domínio da classe burguesa, é a formação e o aumento do capital

Die Bedingung für das Kapital ist Lohnarbeit

A condição para o capital é o trabalho assalariado

Die Lohnarbeit beruht ausschließlich auf der Konkurrenz zwischen den Arbeitern

O trabalho assalariado assenta exclusivamente na concorrência entre os trabalhadores

Der Fortschritt der Industrie, deren unfreiwilliger Förderer die Bourgeoisie ist, tritt an die Stelle der Isolierung der Arbeiter

O avanço da indústria, cujo promotor involuntário é a burguesia, substitui o isolamento dos trabalhadores

durch die Konkurrenz, durch ihre revolutionäre Kombination, durch die Assoziation

devido à competição, devido à sua combinação revolucionária, devido à associação

Die Entwicklung der modernen Industrie schneidet ihr die Grundlage unter den Füßen weg, auf der die Bourgeoisie Produkte produziert und sich aneignet

O desenvolvimento da Indústria Moderna corta debaixo dos seus pés o próprio alicerce sobre o qual a burguesia produz e se apropria dos produtos

Was die Bourgeoisie vor allem produziert, sind ihre eigenen Totengräber

O que a burguesia produz, sobretudo, são os seus próprios coveiros

Der Sturz der Bourgeoisie und der Sieg des Proletariats sind gleichermaßen unvermeidlich

A queda da burguesia e a vitória do proletariado são igualmente inevitáveis

Proletarier und Kommunisten
Proletários e comunistas

In welchem Verhältnis stehen die Kommunisten zu den Proletariern insgesamt?

Em que relação se situam os comunistas com o conjunto dos proletários?

Die Kommunisten bilden keine eigene Partei, die anderen Arbeiterparteien entgegengesetzt ist

Os comunistas não formam um partido separado oposto a outros partidos da classe trabalhadora

Sie haben keine Interessen, die von denen des Proletariats als Ganzes getrennt und getrennt sind

Eles não têm interesses separados e separados dos do proletariado como um todo

Sie stellen keine eigenen sektiererischen Prinzipien auf, nach denen sie die proletarische Bewegung formen und formen könnten

Eles não estabelecem nenhum princípio sectário próprio, pelo qual moldar e moldar o movimento proletário

Die Kommunisten unterscheiden sich von den anderen Arbeiterparteien nur durch zwei Dinge

Os comunistas distinguem-se dos outros partidos operários por apenas duas coisas

Erstens: Sie weisen auf die gemeinsamen Interessen des gesamten Proletariats hin und bringen sie in den Vordergrund, unabhängig von jeder Nationalität

Em primeiro lugar, apontam e colocam à frente os interesses comuns de todo o proletariado, independentemente de qualquer nacionalidade

Das tun sie in den nationalen Kämpfen der Proletarier der verschiedenen Länder

Fazem-no nas lutas nacionais dos proletários dos diferentes países

Zweitens vertreten sie immer und überall die Interessen der gesamten Bewegung

Em segundo lugar, representam sempre e em toda a parte os interesses do movimento como um todo

das tun sie in den verschiedenen Entwicklungsstadien, die der Kampf der Arbeiterklasse gegen die Bourgeoisie zu durchlaufen hat

isso eles fazem nas várias etapas de desenvolvimento, pelas quais a luta da classe operária contra a burguesia tem que passar

Die Kommunisten sind also auf der einen Seite praktisch der fortschrittlichste und entschiedenste Teil der Arbeiterparteien eines jeden Landes

Os comunistas são, portanto, por um lado, praticamente, o sector mais avançado e decidido dos partidos operários de todos os países

Sie sind der Teil der Arbeiterklasse, der alle anderen vorantreibt

são o sector da classe operária que impulsiona todos os outros

Theoretisch haben sie auch den Vorteil, dass sie die Marschlinie klar verstehen

Teoricamente, eles também têm a vantagem de entender claramente a linha de marcha

Das verstehen sie besser im Vergleich zu der großen Masse des Proletariats

isso eles entendem melhor em comparação com a grande massa do proletariado

Sie verstehen die Bedingungen und die letzten allgemeinen Ergebnisse der proletarischen Bewegung

compreendem as condições e os resultados gerais finais do movimento proletário

Das unmittelbare Ziel des Kommunisten ist dasselbe wie das aller anderen proletarischen Parteien

O objetivo imediato do comunista é o mesmo de todos os outros partidos proletários

Ihr Ziel ist die Formierung des Proletariats zu einer Klasse

seu objetivo é a formação do proletariado em uma classe

sie zielen darauf ab, die Vorherrschaft der Bourgeoisie zu stürzen

eles visam derrubar a supremacia burguesa

das Streben nach politischer Machteroberung durch das Proletariat

a luta pela conquista do poder político pelo proletariado

Die theoretischen Schlußfolgerungen der Kommunisten beruhen in keiner Weise auf Ideen oder Prinzipien der Reformer

As conclusões teóricas dos comunistas não se baseiam de forma alguma em ideias ou princípios dos reformadores

es waren keine Möchtegern-Universalreformer, die die theoretischen Schlussfolgerungen der Kommunisten erfunden oder entdeckt haben

não foram os pretensos reformadores universais que inventaram ou descobriram as conclusões teóricas dos comunistas

Sie drücken lediglich in allgemeinen Begriffen tatsächliche Verhältnisse aus, die aus einem bestehenden Klassenkampf hervorgehen

Apenas expressam, em termos gerais, relações reais que brotam de uma luta de classes existente

Und sie beschreiben die historische Bewegung, die sich unter unseren Augen abspielt und die diesen Klassenkampf hervorgebracht hat

e descrevem o movimento histórico em curso sob os nossos próprios olhos que criou esta luta de classes

Die Abschaffung bestehender Eigentumsverhältnisse ist keineswegs ein charakteristisches Merkmal des Kommunismus

A abolição das relações de propriedade existentes não é, de modo algum, uma característica distintiva do comunismo

Alle Eigentumsverhältnisse in der Vergangenheit waren einem ständigen historischen Wandel unterworfen

Todas as relações de propriedade no passado foram continuamente sujeitas a mudanças históricas

Und diese Veränderungen waren eine Folge der Veränderung der historischen Bedingungen

e essas mudanças foram conseqüentes à mudança nas condições históricas

Die Französische Revolution zum Beispiel schaffte das Feudaleigentum zugunsten des Bourgeoisie Eigentums ab

A Revolução Francesa, por exemplo, aboliu a propriedade feudal em favor da propriedade burguesa

Das Unterscheidungsmerkmal des Kommunismus ist nicht die Abschaffung des Eigentums im Allgemeinen

A característica distintiva do comunismo não é a abolição da propriedade, em geral

aber das Unterscheidungsmerkmal des Kommunismus ist die Abschaffung des Bourgeoisie Eigentums

mas a característica distintiva do comunismo é a abolição da propriedade burguesa

Aber das Privateigentum der modernen Bourgeoisie ist der letzte und vollständigste Ausdruck des Systems der Produktion und Aneignung von Produkten

Mas a propriedade privada da burguesia moderna é a expressão final e mais completa do sistema de produção e apropriação de produtos

Es ist der Endzustand eines Systems, das auf Klassengegensätzen beruht, wobei der Klassenantagonismus die Ausbeutung der Vielen durch die Wenigen ist

É o estado final de um sistema baseado em antagonismos de classe, onde o antagonismo de classe é a exploração de muitos por poucos

In diesem Sinne läßt sich die Theorie der Kommunisten in einem einzigen Satz zusammenfassen; die Abschaffung des Privateigentums

Neste sentido, a teoria dos comunistas pode ser resumida numa única frase; a abolição da propriedade privada

Uns Kommunisten hat man vorgeworfen, das Recht auf persönlichen Eigentumserwerb abschaffen zu wollen

Nós, comunistas, fomos censurados com o desejo de abolir o direito de aquisição pessoal da propriedade

Es wird behauptet, dass diese Eigenschaft die Frucht der eigenen Arbeit eines Menschen ist

Alega-se que esta propriedade é fruto do próprio trabalho de um homem

Und diese Eigenschaft soll die Grundlage aller persönlichen Freiheit, Aktivität und Unabhängigkeit sein.

e alega-se que esta propriedade é a base de toda a liberdade, atividade e independência pessoais.

"Hart erkämpftes, selbst erworbenes, selbst verdientes Eigentum!"

"Propriedade arduamente conquistada, adquirida por si mesma!"

Meinst du das Eigentum des kleinen Handwerkers und des Kleinbauern?

Refere-se à propriedade do pequeno artesão e do pequeno camponês?

Meinen Sie eine Form des Eigentums, die der Bourgeoisie Form vorausging?

Quer dizer uma forma de propriedade que precedeu a forma burguesa?

Es ist nicht nötig, sie abzuschaffen, die Entwicklung der Industrie hat sie zum großen Teil bereits zerstört

Não há necessidade de o abolir, o desenvolvimento da indústria já a destruiu, em grande medida

Und die Entwicklung der Industrie zerstört sie immer noch täglich

e o desenvolvimento da indústria continua a destruí-la diariamente

Oder meinen Sie das moderne Bourgeoisie Privateigentum?

Ou quer dizer propriedade privada da burguesia moderna?

Aber schafft die Lohnarbeit irgendein Eigentum für den Arbeiter?

Mas será que o trabalho assalariado cria alguma propriedade para o trabalhador?

Nein, die Lohnarbeit schafft nicht ein bisschen von dieser Art von Eigentum!

Não, o trabalho assalariado não cria um bocadinho deste tipo de propriedade!

Was Lohnarbeit schafft, ist Kapital; jene Art von Eigentum, das Lohnarbeit ausbeutet

o que o trabalho assalariado cria é capital; esse tipo de propriedade que explora o trabalho assalariado

Das Kapital kann sich nur unter der Bedingung vermehren, daß es ein neues Angebot an Lohnarbeit für neue Ausbeutung erzeugt

O capital não pode aumentar a não ser sob a condição de gerar uma nova oferta de trabalho assalariado para nova exploração

Das Eigentum in seiner jetzigen Form beruht auf dem Antagonismus von Kapital und Lohnarbeit

A propriedade, na sua forma atual, baseia-se no antagonismo entre capital e trabalho assalariado

Betrachten wir beide Seiten dieses Antagonismus

Examinemos os dois lados deste antagonismo

Kapitalist zu sein bedeutet nicht nur, einen rein persönlichen Status zu haben

Ser capitalista é não ter apenas um estatuto puramente pessoal

Stattdessen bedeutet Kapitalist zu sein auch, einen sozialen Status in der Produktion zu haben

ao invés, ser capitalista é também ter um estatuto social na produção

weil Kapital ein kollektives Produkt ist; Nur durch das gemeinsame Handeln vieler Mitglieder kann sie in Gang gesetzt werden

porque o capital é um produto coletivo; Só através da ação unida de muitos membros é que pode ser posto em marcha

Aber dieses gemeinsame Handeln ist der letzte Ausweg und erfordert eigentlich alle Mitglieder der Gesellschaft

Mas esta ação unida é um último recurso e, na verdade, requer todos os membros da sociedade

Das Kapital verwandelt sich in das Eigentum aller Mitglieder der Gesellschaft

O capital é convertido em propriedade de todos os membros da sociedade

aber das Kapital ist also keine persönliche Macht; Es ist eine gesellschaftliche Macht

mas o Capital não é, portanto, um poder pessoal; é um poder social

Wenn also Kapital in gesellschaftliches Eigentum umgewandelt wird, so verwandelt sich dadurch nicht persönliches Eigentum in gesellschaftliches Eigentum

assim, quando o capital é convertido em propriedade social, a propriedade pessoal não é assim transformada em propriedade social

Nur der gesellschaftliche Charakter des Eigentums wird verändert und verliert seinen Klassencharakter

É apenas o caráter social da propriedade que é mudado, e perde seu caráter de classe

Betrachten wir nun die Lohnarbeit

Vejamos agora o trabalho assalariado

Der Durchschnittspreis der Lohnarbeit ist der Mindestlohn, d.h. das Quantum der Lebensmittel

O preço médio do trabalho assalariado é o salário mínimo, ou seja, o quantum dos meios de subsistência

Dieser Lohn ist für die bloße Existenz als Arbeiter absolut notwendig

Este salário é absolutamente necessário na existência nua e crua como trabalhador

Was sich also der Lohnarbeiter durch seine Arbeit aneignet, genügt nur, um ein bloßes Dasein zu verlängern und zu reproduzieren

O que, portanto, o trabalhador assalariado se apropria por meio de seu trabalho, basta apenas para prolongar e reproduzir uma existência nua

Wir beabsichtigen keineswegs, diese persönliche Aneignung der Arbeitsprodukte abzuschaffen

Não pretendemos, de modo algum, abolir esta apropriação pessoal dos produtos do trabalho

eine Aneignung, die für die Erhaltung und Reproduktion des menschlichen Lebens bestimmt ist

uma apropriação feita para a manutenção e reprodução da vida humana

Eine solche persönliche Aneignung der Arbeitsprodukte lässt keinen Überschuss übrig, mit dem man die Arbeit anderer befehlen könnte

tal apropriação pessoal dos produtos do trabalho não deixa excedentes para comandar o trabalho alheio

Alles, was wir beseitigen wollen, ist der erbärmliche Charakter dieser Aneignung

Tudo o que queremos acabar é com o carácter miserável desta apropriação

die Aneignung, unter der der Arbeiter lebt, bloß um das Kapital zu vermehren

a apropriação sob a qual o trabalhador vive apenas para aumentar o capital

Er darf nur leben, soweit es das Interesse der herrschenden Klasse erfordert

só lhe é permitido viver na medida em que o interesse da classe dominante o exija

In der Bourgeoisie Gesellschaft ist die lebendige Arbeit nur ein Mittel, um die akkumulierte Arbeit zu vermehren

Na sociedade burguesa, o trabalho vivo é apenas um meio de aumentar o trabalho acumulado

In der kommunistischen Gesellschaft ist die akkumulierte Arbeit nur ein Mittel, um die Existenz des Arbeiters zu erweitern, zu bereichern und zu fördern

Na sociedade comunista, o trabalho acumulado é apenas um meio para alargar, enriquecer, promover a existência do trabalhador

In der Bourgeoisie Gesellschaft dominiert daher die Vergangenheit die Gegenwart

Na sociedade burguesa, portanto, o passado domina o presente

In der kommunistischen Gesellschaft dominiert die Gegenwart die Vergangenheit

na sociedade comunista, o presente domina o passado

In der Bourgeoisie Gesellschaft ist das Kapital unabhängig und hat Individualität

Na sociedade burguesa, o capital é independente e tem individualidade

In der Bourgeoisie Gesellschaft ist der lebende Mensch abhängig und hat keine Individualität

Na sociedade burguesa a pessoa viva é dependente e não tem individualidade

Und die Abschaffung dieses Zustandes wird von der Bourgeoisie als Abschaffung der Individualität und Freiheit bezeichnet!

E a abolição desse estado de coisas é chamada pela burguesia, abolição da individualidade e da liberdade!

Und man nennt sie mit Recht die Abschaffung von Individualität und Freiheit!

E é justamente chamada de abolição da individualidade e da liberdade!

Der Kommunismus strebt die Abschaffung der Bourgeoisie Individualität an

O comunismo visa a abolição da individualidade burguesa

Der Kommunismus strebt die Abschaffung der Unabhängigkeit der Bourgeoisie an

O comunismo pretende a abolição da independência da burguesia

Die BourgeoisieFreiheit ist zweifellos das, was der Kommunismus anstrebt

A liberdade da burguesia é, sem dúvida, o objetivo do comunismo

unter den gegenwärtigen Bourgeoisie Produktionsbedingungen bedeutet Freiheit freien Handel, freien Verkauf und freien Kauf

nas atuais condições burguesas de produção, liberdade
significa livre comércio, livre venda e compra

**Aber wenn das Verkaufen und Kaufen verschwindet,
verschwindet auch das freie Verkaufen und Kaufen**

Mas se a venda e a compra desaparecem, a venda e a compra
livres também desaparecem.

**"Mutige Worte" der Bourgeoisie über den freien Verkauf
und Kauf haben nur eine begrenzte Bedeutung**

"palavras corajosas" da burguesia sobre livre venda e compra
só têm significado em um sentido limitado

**Diese Worte haben nur im Gegensatz zu eingeschränktem
Verkauf und Kauf eine Bedeutung**

estas palavras só têm significado em contraste com a venda e
compra restritas

**und diese Worte haben nur dann eine Bedeutung, wenn sie
auf die gefesselten Händler des Mittelalters angewandt
werden**

e estas palavras só têm significado quando aplicadas aos
comerciantes presos da Idade Média

**und das setzt voraus, dass diese Worte überhaupt eine
Bedeutung im Bourgeoisie Sinne haben**

e que pressupõe que estas palavras tenham mesmo significado
num sentido burguês

**aber diese Worte haben keine Bedeutung, wenn sie
gebraucht werden, um sich gegen die kommunistische
Abschaffung des Kaufens und Verkaufens zu wehren**

mas estas palavras não têm sentido quando estão a ser usadas
para se opor à abolição comunista da compra e venda

**die Worte haben keine Bedeutung, wenn sie gebraucht
werden, um sich gegen die Abschaffung der Bourgeoisie
Produktionsbedingungen zu wehren**

as palavras não têm sentido quando estão sendo usadas para
se opor à abolição das condições de produção da burguesia

**und sie haben keine Bedeutung, wenn sie benutzt werden,
um sich gegen die Abschaffung der Bourgeoisie selbst zu
wehren**

e não têm sentido quando estão sendo usados para se opor à abolição da própria burguesia

Sie sind entsetzt über unsere Absicht, das Privateigentum abzuschaffen

Você está horrorizado com a nossa intenção de acabar com a propriedade privada

Aber in eurer jetzigen Gesellschaft ist das Privateigentum für neun Zehntel der Bevölkerung bereits abgeschafft

Mas, na sociedade atual, a propriedade privada já está extinta para nove décimos da população

Die Existenz des Privateigentums für einige wenige beruht einzig und allein darauf, dass es in den Händen von neun Zehnteln der Bevölkerung nicht existiert

A existência de propriedade privada para poucos deve-se unicamente à sua inexistência nas mãos de nove décimos da população

Sie werfen uns also vor, daß wir eine Form des Eigentums abschaffen wollen

Censura-nos, portanto, a intenção de acabar com uma forma de propriedade

Aber das Privateigentum erfordert für die ungeheure Mehrheit der Gesellschaft die Nichtexistenz jeglichen Eigentums

mas a propriedade privada exige a inexistência de qualquer propriedade para a imensa maioria da sociedade

Mit einem Wort, Sie werfen uns vor, daß wir Ihr Eigentum beseitigen wollen

Numa palavra, censura-nos com a intenção de acabar com a sua propriedade

Und genau so ist es; Ihr Eigentum abzuschaffen, ist genau das, was wir beabsichtigen

E é precisamente assim; acabar com o seu imóvel é exatamente o que pretendemos

Von dem Augenblick an, wo die Arbeit nicht mehr in Kapital, Geld oder Rente verwandelt werden kann

A partir do momento em que o trabalho não pode mais ser convertido em capital, dinheiro ou aluguel

wenn die Arbeit nicht mehr in eine gesellschaftliche Macht umgewandelt werden kann, die monopolisiert werden kann

quando o trabalho já não pode ser convertido num poder social suscetível de ser monopolizado

von dem Augenblick an, wo das individuelle Eigentum nicht mehr in Bourgeoisie Eigentum verwandelt werden kann

a partir do momento em que a propriedade individual não pode mais ser transformada em propriedade burguesa

von dem Augenblick an, wo das individuelle Eigentum nicht mehr in Kapital verwandelt werden kann

a partir do momento em que a propriedade individual deixa de poder ser transformada em capital

Von diesem Moment an sagst du, dass die Individualität verschwindet

A partir desse momento, você diz que a individualidade desaparece

Sie müssen also gestehen, daß Sie mit »Individuum« keine andere Person meinen als die Bourgeoisie

Deveis, portanto, confessar que por "indivíduo" não se entende outra pessoa senão a burguesia

Sie müssen zugeben, dass es sich speziell auf den Bourgeoisie Eigentümer von Immobilien bezieht

Você deve confessar que se refere especificamente ao proprietário de classe média do imóvel

Diese Person muss in der Tat aus dem Weg geräumt und unmöglich gemacht werden

Esta pessoa deve, de facto, ser varrida do caminho e tornada impossível

Der Kommunismus beraubt niemanden der Macht, sich die Produkte der Gesellschaft anzueignen

O comunismo não priva ninguém do poder de se apropriar dos produtos da sociedade

Alles, was der Kommunismus tut, ist, ihm die Macht zu nehmen, die Arbeit anderer durch eine solche Aneignung zu unterjochen

tudo o que o comunismo faz é privá-lo do poder de subjugar o trabalho dos outros por meio dessa apropriação

Man hat eingewendet, daß mit der Abschaffung des Privateigentums alle Arbeit aufhören werde

Tem-se objetado que, com a abolição da propriedade privada, todo o trabalho cessará

Und dann wird suggeriert, dass uns die universelle Faulheit überwältigen wird

e sugere-se então que a preguiça universal nos ultrapassará

Demnach hätte die BourgeoisieGesellschaft schon längst vor lauter Müßiggang vor die Hunde gehen müssen

De acordo com isso, a sociedade burguesa há muito tempo deveria ter ido para os cães por pura ociosidade

denn diejenigen ihrer Mitglieder, die arbeiten, erwerben nichts

porque os seus membros que trabalham, nada adquirem

und diejenigen von ihren Mitgliedern, die etwas erwerben, arbeiten nicht

e os de seus membros que adquirem alguma coisa, não trabalham

Der ganze Einwand ist nur ein weiterer Ausdruck der Tautologie

Toda esta objeção é apenas mais uma expressão da tautologia

Es kann keine Lohnarbeit mehr geben, wenn es kein Kapital mehr gibt

Não pode continuar a haver trabalho assalariado quando já não há capital

Es gibt keinen Unterschied zwischen materiellen und mentalen Produkten

Não há diferença entre produtos materiais e produtos mentais

Der Kommunismus schlägt vor, dass beides auf die gleiche Weise produziert wird

O comunismo propõe que ambos sejam produzidos da mesma
maneira

**aber die Einwände gegen die kommunistischen
Produktionsweisen sind dieselben**

mas as objeções contra os modos comunistas de os produzir
são as mesmas

**Für die Bourgeoisie ist das Verschwinden des
Klasseneigentums das Verschwinden der Produktion selbst**

para a burguesia, o desaparecimento da propriedade de classe
é o desaparecimento da própria produção

**So ist für ihn das Verschwinden der Klassenkultur identisch
mit dem Verschwinden aller Kultur**

Assim, o desaparecimento da cultura de classe é, para ele,
idêntico ao desaparecimento de toda a cultura

**Diese Kultur, deren Verlust er beklagt, ist für die
überwiegende Mehrheit ein bloßes Training, um als
Maschine zu agieren**

Essa cultura, cuja perda lamenta, é para a grande maioria uma
mera formação para agir como uma máquina

**Die Kommunisten haben die Absicht, die Kultur des
Bourgeoisie Eigentums abzuschaffen**

Os comunistas pretendem muito abolir a cultura da
propriedade burguesa

**Aber zankt euch nicht mit uns, solange ihr den Maßstab
eurer Bourgeoisie Vorstellungen von Freiheit, Kultur, Recht
usw. anlegt**

Mas não briguem connosco desde que apliquem o padrão das
suas noções burguesas de liberdade, cultura, direito, etc

**Eure Ideen selbst sind nur die Auswüchse der Bedingungen
eurer Bourgeoisie Produktion und eures Bourgeoisie
Eigentums**

As vossas próprias ideias não são senão o resultado das
condições da vossa produção burguesa e da propriedade
burguesa

**so wie eure Jurisprudenz nichts anderes ist als der Wille
eurer Klasse, der zum Gesetz für alle gemacht wurde**

assim como a sua jurisprudência não é senão a vontade da sua
classe transformada em lei para todos
**Der wesentliche Charakter und die Richtung dieses Willens
werden durch die ökonomischen Bedingungen bestimmt,
die Ihre soziale Klasse schafft**
O caráter essencial e a direção dessa vontade são
determinados pelas condições econômicas que sua classe
social cria
**Der selbstsüchtige Irrtum, der dich veranlaßt, soziale
Formen in ewige Gesetze der Natur und der Vernunft zu
verwandeln**
O equívoco egoísta que vos induz a transformar as formas
sociais em leis eternas da natureza e da razão
**die gesellschaftlichen Formen, die aus eurer gegenwärtigen
Produktionsweise und Eigentumsform entspringen**
as formas sociais que brotam do vosso atual modo de
produção e forma de propriedade
**historische Beziehungen, die im Fortschritt der Produktion
auf- und verschwinden**
relações históricas que sobem e desaparecem no progresso da
produção
**Dieses Missverständnis teilt ihr mit jeder herrschenden
Klasse, die euch vorausgegangen ist**
Este equívoco que partilhais com todas as classes dominantes
que vos precederam
**Was Sie bei antikem Eigentum klar sehen, was Sie bei
feudalem Eigentum zugeben**
O que se vê claramente no caso da propriedade antiga, o que
se admite no caso da propriedade feudal
**diese Dinge dürfen Sie natürlich nicht zugeben, wenn es
sich um Ihre eigene BourgeoisieEigentumsform handelt**
essas coisas você é, naturalmente, proibido de admitir no caso
de sua própria forma burguesa de propriedade
**Abschaffung der Familie! Selbst die Radikalsten entrüsten
sich über diesen infamen Vorschlag der Kommunisten**

Abolição da família! Até os mais radicais se inflamam com
esta infame proposta dos comunistas

**Auf welcher Grundlage beruht die heutige Familie, die
BourgeoisieFamilie?**

Em que fundamento se baseia a família atual, a família
burguesa?

**Die Gründung der heutigen Familie beruht auf Kapital und
privatem Gewinn**

A fundação da família atual baseia-se no capital e no ganho
privado

**In ihrer voll entwickelten Form existiert diese Familie nur
unter der Bourgeoisie**

Na sua forma completamente desenvolvida, esta família só
existe entre a burguesia

**Dieser Zustand der Dinge findet seine Ergänzung in der
praktischen Abwesenheit der Familie bei den Proletariern**

Este estado de coisas encontra o seu complemento na ausência
prática da família entre os proletários

Dieser Zustand ist in der öffentlichen Prostitution zu finden

Este estado de coisas pode ser encontrado na prostituição
pública

**Die BourgeoisieFamilie wird wie selbstverständlich
verschwinden, wenn ihr Komplement verschwindet**

A família burguesa desaparecerá naturalmente quando o seu
complemento desaparecer

**Und beides wird mit dem Verschwinden des Kapitals
verschwinden**

e ambos desaparecerão com o desaparecimento do capital

**Werfen Sie uns vor, dass wir die Ausbeutung von Kindern
durch ihre Eltern stoppen wollen?**

Acusam-nos de querer acabar com a exploração das crianças
pelos seus pais?

Diesem Verbrechen bekennen wir uns schuldig

A este crime declaramo-nos culpados

Aber, werden Sie sagen, wir zerstören die heiligsten Beziehungen, wenn wir die häusliche Erziehung durch die soziale Erziehung ersetzen

Mas, dirão, destruímos a mais santificada das relações, quando substituímos a educação doméstica pela educação social

Ist Ihre Erziehung nicht auch sozial? Und wird sie nicht von den gesellschaftlichen Bedingungen bestimmt, unter denen man erzieht?

A sua educação não é também social? E não é determinado pelas condições sociais em que se educa?

durch direkte oder indirekte Eingriffe in die Gesellschaft, durch Schulen usw.

pela intervenção, direta ou indireta, da sociedade, através das escolas, etc.

Die Kommunisten haben die Einmischung der Gesellschaft in die Erziehung nicht erfunden

Os comunistas não inventaram a intervenção da sociedade na educação

Sie versuchen lediglich, den Charakter dieses Eingriffs zu ändern

não fazem senão procurar alterar o carácter dessa intervenção

Und sie versuchen, das Bildungswesen vor dem Einfluss der herrschenden Klasse zu retten

e procuram resgatar a educação da influência da classe dominante

Die Bourgeoisie spricht von der geheiligten Beziehung von Eltern und Kind

A burguesia fala da santificada corelação entre pais e filhos

aber dieses Geschwätz über die Familie und die Erziehung wird um so widerwärtiger, wenn wir die moderne Industrie betrachten

mas esta armadilha sobre a família e a educação torna-se ainda mais repugnante quando olhamos para a Indústria Moderna

Alle Familienbande unter den Proletariern werden durch die moderne Industrie zerrissen

Todos os laços familiares entre os proletários são dilacerados
pela indústria moderna
**ihre Kinder werden zu einfachen Handelsartikeln und
Arbeitsinstrumenten**
os seus filhos transformam-se em simples artigos de comércio
e instrumentos de trabalho
**Aber ihr Kommunisten würdet eine Gemeinschaft von
Frauen schaffen, schreit die ganze Bourgeoisie im Chor**
Mas vocês, comunistas, criariam uma comunidade de
mulheres, grita toda a burguesia em coro
**Die Bourgeoisie sieht in seiner Frau ein bloßes
Produktionsinstrument**
A burguesia vê em sua esposa um mero instrumento de
produção
**Er hört, dass die Produktionsmittel von allen ausgebeutet
werden sollen**
Ele ouve que os instrumentos de produção devem ser
explorados por todos
**Und natürlich kann er zu keinem anderen Schluß kommen,
als daß das Los, allen gemeinsam zu sein, auch den Frauen
zufallen wird**
e, naturalmente, ele não pode chegar a outra conclusão senão a
de que a sorte de ser comum a todos também recairá sobre as
mulheres
**Er hat nicht einmal den geringsten Verdacht, dass es in
Wirklichkeit darum geht, die Stellung der Frau als bloße
Produktionsinstrumente abzuschaffen**
Nem sequer suspeita que o verdadeiro objetivo seja acabar
com o estatuto da mulher como mero instrumento de
produção
**Im übrigen ist nichts lächerlicher als die tugendhafte
Empörung unserer Bourgeoisie über die Gemeinschaft der
Frauen**
De resto, nada é mais ridículo do que a indignação virtuosa da
nossa burguesia contra a comunidade das mulheres

sie tun so, als ob sie von den Kommunisten offen und offiziell eingeführt werden sollte

fingem que deve ser aberta e oficialmente estabelecida pelos comunistas

Die Kommunisten haben es nicht nötig, die Gemeinschaft der Frauen einzuführen, sie existiert fast seit undenklichen Zeiten

Os comunistas não têm necessidade de introduzir uma comunidade de mulheres, ela existe quase desde tempos imemoriais

Unsere Bourgeoisie begnügt sich nicht damit, die Frauen und Töchter ihrer Proletarier zur Verfügung zu haben

Nossa burguesia não se contenta em ter à disposição as esposas e filhas de seus proletários

Sie haben das größte Vergnügen daran, ihre Frauen gegenseitig zu verführen

eles têm o maior prazer em seduzir as esposas um do outro

Und das ist noch nicht einmal von gewöhnlichen Prostituierten zu sprechen

e isso nem sequer é falar de prostitutas comuns

Die BourgeoisieEhe ist in Wirklichkeit ein System gemeinsamer Ehefrauen

O casamento burguês é, na realidade, um sistema de esposas em comum

dann gibt es eine Sache, die man den Kommunisten vielleicht vorwerfen könnte

depois, há uma coisa com que os comunistas podem ser censurados

Sie wollen eine offen legalisierte Gemeinschaft von Frauen einführen

desejam introduzir uma comunidade de mulheres abertamente legalizada

statt einer heuchlerisch verhüllten Gemeinschaft von Frauen

em vez de uma comunidade hipocritamente oculta de mulheres

Die Gemeinschaft der Frauen, die aus dem Produktionssystem hervorgegangen ist

a comunidade de mulheres que brota do sistema de produção

Schafft das Produktionssystem ab, und ihr schafft die Gemeinschaft der Frauen ab

abolir o sistema de produção e abolir a comunidade de mulheres

Sowohl die öffentliche Prostitution als auch die private Prostitution wird abgeschafft

abolida tanto a prostituição pública como a prostituição privada

Den Kommunisten wird noch dazu vorgeworfen, sie wollten Länder und Nationalitäten abschaffen

Os comunistas são ainda mais censurados por desejarem abolir os países e a nacionalidade

Die Arbeiter haben kein Vaterland, also können wir ihnen nicht nehmen, was sie nicht haben

Os trabalhadores não têm país, por isso não podemos tirar-lhes o que não têm

Das Proletariat muss vor allem die politische Herrschaft erlangen

O proletariado deve, antes de tudo, adquirir a supremacia política

Das Proletariat muss sich zur führenden Klasse der Nation erheben

O proletariado deve ascender para ser a classe dirigente da nação

Das Proletariat muss sich zur Nation konstituieren

o proletariado deve constituir-se a si mesmo a nação

sie ist bis jetzt selbst national, wenn auch nicht im Bourgeoisie Sinne des Wortes

é, até agora, ela própria nacional, embora não no sentido burguês da palavra

Nationale Unterschiede und Gegensätze zwischen den Völkern verschwinden täglich mehr und mehr

As diferenças e antagonismos nacionais entre os povos estão cada vez mais desaparecidos

der Entwicklung der Bourgeoisie, der Freiheit des Handels, des Weltmarktes

devido ao desenvolvimento da burguesia, à liberdade de comércio, ao mercado mundial

zur Gleichförmigkeit der Produktionsweise und der ihr entsprechenden Lebensbedingungen

à uniformidade do modo de produção e das condições de vida correspondentes;

Die Herrschaft des Proletariats wird sie noch schneller verschwinden lassen

A supremacia do proletariado fará com que desapareçam ainda mais depressa

Die einheitliche Aktion, wenigstens der führenden zivilisierten Länder, ist eine der ersten Bedingungen für die Befreiung des Proletariats

A ação unida, pelo menos dos principais países civilizados, é uma das primeiras condições para a emancipação do proletariado

In dem Maße, wie der Ausbeutung eines Individuums durch ein anderes ein Ende gesetzt wird, wird auch der Ausbeutung einer Nation durch eine andere ein Ende gesetzt.

Da mesma forma que se põe fim à exploração de um indivíduo por outro, a exploração de uma nação por outra também será posta fim

In dem Maße, wie der Antagonismus zwischen den Klassen innerhalb der Nation verschwindet, wird die Feindschaft einer Nation gegen die andere ein Ende haben

À medida que o antagonismo entre as classes dentro da nação desaparece, a hostilidade de uma nação para com outra chegará ao fim

Die Anschuldigungen gegen den Kommunismus, die von einem religiösen, philosophischen und allgemein von einem

**ideologischen Standpunkt aus erhoben werden, verdienen
keine ernsthafte Prüfung**

As acusações contra o comunismo feitas de um ponto de vista
religioso, filosófico e, em geral, ideológico, não merecem um
exame sério

**Braucht es eine tiefe Intuition, um zu begreifen, dass sich
die Ideen, Ansichten und Vorstellungen des Menschen mit
jeder Veränderung der Bedingungen seiner materiellen
Existenz ändern?**

É necessária uma intuição profunda para compreender que as
ideias, visões e conceções do homem mudam a cada mudança
nas condições de sua existência material?

**Ist es nicht offensichtlich, dass das Bewusstsein des
Menschen sich Verändert, wenn seine sozialen Beziehungen
und sein soziales Leben ändern?**

Não é óbvio que a consciência do homem muda quando as
suas relações sociais e a sua vida social mudam?

**Was beweist die Ideengeschichte anderes, als daß die
geistige Produktion ihren Charakter in dem Maße ändert,
wie die materielle Produktion verändert wird?**

O que mais a história das ideias prova, senão que a produção
intelectual muda de caráter na proporção em que a produção
material é alterada?

**Die herrschenden Ideen eines jeden Zeitalters waren immer
die Ideen seiner herrschenden Klasse**

As ideias dominantes de cada época sempre foram as ideias da
sua classe dominante

**Wenn Menschen von Ideen sprechen, die die Gesellschaft
revolutionieren, drücken sie nur eine Tatsache aus**

Quando as pessoas falam de ideias que revolucionam a
sociedade, não passam de um facto

**Innerhalb der alten Gesellschaft wurden die Elemente einer
neuen geschaffen**

Dentro da sociedade antiga, os elementos de uma nova
sociedade foram criados

und daß die Auflösung der alten Ideen mit der Auflösung der alten Daseinsverhältnisse Schritt hält

e que a dissolução das velhas ideias acompanha a dissolução das antigas condições de existência

Als die Antike in den letzten Zügen lag, wurden die alten Religionen vom Christentum überwunden

Quando o mundo antigo estava em seus últimos estertores, as religiões antigas foram superadas pelo cristianismo

Als die christlichen Ideen im 18. Jahrhundert den rationalistischen Ideen erlagen, kämpfte die feudale Gesellschaft ihren Todeskampf mit der damals revolutionären Bourgeoisie

Quando as ideias cristãs sucumbiram no século 18 às ideias racionalistas, a sociedade feudal travou sua batalha de morte com a burguesia então revolucionária

Die Ideen der Religions- und Gewissensfreiheit brachten lediglich die Herrschaft des freien Wettbewerbs auf dem Gebiet des Wissens zum Ausdruck

As ideias de liberdade religiosa e de liberdade de consciência apenas deram expressão à influência da livre concorrência no domínio do conhecimento

"Zweifellos", wird man sagen, "sind religiöse, moralische, philosophische und juristische Ideen im Laufe der geschichtlichen Entwicklung modifiziert worden"

"Sem dúvida", dir-se-á, "as ideias religiosas, morais, filosóficas e jurídicas foram modificadas ao longo do desenvolvimento histórico"

"Aber Religion, Moralphilosophie, Politikwissenschaft und Recht überlebten diesen Wandel ständig."

"Mas a religião, a moral, a filosofia, a ciência política e o direito, sobreviveram constantemente a esta mudança"

"Es gibt auch ewige Wahrheiten, wie Freiheit, Gerechtigkeit usw."

"Há também verdades eternas, como a Liberdade, a Justiça, etc."

"Diese ewigen Wahrheiten sind allen Zuständen der Gesellschaft gemeinsam"

"Estas verdades eternas são comuns a todos os estados da sociedade"

"Aber der Kommunismus schafft die ewigen Wahrheiten ab, er schafft alle Religion und alle Moral ab."

"Mas o comunismo abole as verdades eternas, abole toda a religião e toda a moralidade"

"Sie tut dies, anstatt sie auf einer neuen Grundlage zu konstituieren"

"fá-lo em vez de os constituir numa nova base"

"Sie handelt daher im Widerspruch zu allen bisherigen historischen Erfahrungen"

"atua, portanto, em contradição com toda a experiência histórica passada"

Worauf reduziert sich dieser Vorwurf?

A que se reduz esta acusação?

Die Geschichte aller vergangenen Gesellschaften hat in der Entwicklung von Klassengegensätzen bestanden

A história de toda a sociedade passada consistiu no desenvolvimento de antagonismos de classe

Antagonismen, die in verschiedenen Epochen unterschiedliche Formen annahmen

antagonismos que assumiram diferentes formas em diferentes épocas

Aber welche Form sie auch immer angenommen haben mögen, eine Tatsache ist allen vergangenen Zeitaltern gemeinsam

Mas, seja qual for a forma que tenham assumido, um facto é comum a todas as épocas passadas

die Ausbeutung eines Teils der Gesellschaft durch den anderen

a exploração de uma parte da sociedade pela outra

Kein Wunder also, dass sich das gesellschaftliche Bewußtsein vergangener Zeiten innerhalb gewisser allgemeiner Formen oder allgemeiner Vorstellungen bewegt

Não admira, portanto, que a consciência social de eras passadas se mova dentro de certas formas comuns, ou ideias gerais

(und das trotz aller Vielfalt und Vielfalt, die es zeigt)

(e isto apesar de toda a multiplicidade e variedade que apresenta)

Und diese können nur mit dem gänzlichen Verschwinden der Klassengegensätze völlig verschwinden

e estes não podem desaparecer completamente a não ser com o desaparecimento total dos antagonismos de classe

Die kommunistische Revolution ist der radikalste Bruch mit den traditionellen Eigentumsverhältnissen

A revolução comunista é a rutura mais radical com as relações tradicionais de propriedade

Kein Wunder, dass ihre Entwicklung den radikalsten Bruch mit den traditionellen Vorstellungen mit sich bringt

Não admira que o seu desenvolvimento implique a rutura mais radical com as ideias tradicionais

Aber lassen wir die Einwände der Bourgeoisie gegen den Kommunismus hinter uns

Mas façamos com as objeções da burguesia ao comunismo

Wir haben oben den ersten Schritt der Arbeiterklasse in der Revolution gesehen

Vimos acima o primeiro passo da revolução pela classe operária

Das Proletariat muss zur Herrschaft erhoben werden, um den Kampf der Demokratie zu gewinnen

O proletariado tem de ser elevado à posição de governar, para vencer a batalha da democracia

Das Proletariat wird seine politische Vorherrschaft benutzen, um der Bourgeoisie nach und nach alles Kapital zu entreißen

O proletariado usará sua supremacia política para arrancar, aos poucos, todo o capital da burguesia

sie wird alle Produktionsmittel in den Händen des Staates zentralisieren

centralizará todos os instrumentos de produção nas mãos do
Estado

**Mit anderen Worten, das Proletariat organisierte sich als
herrschende Klasse**

Em outras palavras, o proletariado organizado como classe
dominante

**Und sie wird die Summe der Produktivkräfte so schnell wie
möglich vermehren**

e aumentará o total de forças produtivas o mais rapidamente
possível

**Natürlich kann dies anfangs nur durch despotische Eingriffe
in die Eigentumsrechte geschehen**

É claro que, no início, isso não pode ser feito a não ser por
meio de incursões despóticas nos direitos de propriedade

**und sie muss unter den Bedingungen der Bourgeoisie
Produktion erreicht werden**

e tem de ser alcançado nas condições de produção da
burguesia

**Sie wird also durch Maßnahmen erreicht, die wirtschaftlich
unzureichend und unhaltbar erscheinen**

consegue-se, portanto, através de medidas que se afiguram
economicamente insuficientes e insustentáveis

**aber diese Mittel überflügeln sich im Laufe der Bewegung
selbst**

mas estes meios, no decorrer do movimento, superam-se a si
mesmos

**sie erfordern weitere Eingriffe in die alte
Gesellschaftsordnung**

necessitam de novas incursões na velha ordem social

**und sie sind unvermeidlich, um die Produktionsweise völlig
zu revolutionieren**

e são inevitáveis como meio de revolucionar inteiramente o
modo de produção

**Diese Maßnahmen werden natürlich in den verschiedenen
Ländern unterschiedlich sein**

Estas medidas serão, naturalmente, diferentes nos diferentes países

Nichtsdestotrotz wird in den am weitesten fortgeschrittenen Ländern das Folgende ziemlich allgemein anwendbar sein

No entanto, nos países mais avançados, o seguinte será bastante aplicável

1. Abschaffung des Grundeigentums und Verwendung aller Grundrenten für öffentliche Zwecke.

1. Abolição da propriedade fundiária e aplicação de todas as rendas da terra a fins públicos.

2. Eine hohe progressive oder abgestufte Einkommensteuer.

2. Um imposto de renda progressivo ou escalonado pesado.

3. Abschaffung jeglichen Erbrechts.

3. Abolição de todo o direito sucessório.

4. Konfiskation des Eigentums aller Emigranten und Rebellen.

4. Confisco dos bens de todos os emigrantes e rebeldes.

5. Zentralisierung des Kredits in den Händen des Staates durch eine Nationalbank mit staatlichem Kapital und ausschließlichem Monopol.

5. Centralização do crédito nas mãos do Estado, através de um banco nacional com capital estatal e monopólio exclusivo.

6. Zentralisierung der Kommunikations- und Transportmittel in den Händen des Staates.

6. Centralização dos meios de comunicação e transporte nas mãos do Estado.

7. Ausbau der Fabriken und Produktionsmittel im Eigentum des Staates

7. Ampliação de fábricas e instrumentos de produção de propriedade do Estado

die Kultivierung von Ödland und die Verbesserung des Bodens überhaupt nach einem gemeinsamen Plan.

a introdução no cultivo de terrenos baldios e a melhoria dos solos em geral, de acordo com um plano comum.

8. Gleiche Haftung aller für die Arbeit

8. Responsabilidade igual de todos para com o trabalho

Aufbau von Industriearmeen, vor allem für die Landwirtschaft.

Criação de exércitos industriais, especialmente para a agricultura.

9. Kombination der Landwirtschaft mit dem verarbeitenden Gewerbe

9. Combinação da agricultura com as indústrias transformadoras

allmähliche Aufhebung der Unterscheidung zwischen Stadt und Land durch eine gleichmäßigere Verteilung der Bevölkerung über das Land.

abolição gradual da distinção entre cidade e campo, através de uma distribuição mais equitativa da população pelo país.

10. Kostenlose Bildung für alle Kinder in öffentlichen Schulen.

10. Educação gratuita para todas as crianças das escolas públicas.

Abschaffung der Kinderfabrikarbeit in ihrer jetzigen Form

Abolição do trabalho infantil nas fábricas na sua forma atual

Kombination von Bildung und industrieller Produktion

Combinação da educação com a produção industrial

Wenn im Laufe der Entwicklung die Klassenunterschiede verschwunden sind

Quando, no decurso do desenvolvimento, as distinções de classe desapareceram

und wenn die ganze Produktion in den Händen einer ungeheuren Assoziation der ganzen Nation konzentriert ist

e quando toda a produção se concentrou nas mãos de uma vasta associação de toda a nação

dann verliert die Staatsgewalt ihren politischen Charakter

então o poder público perderá seu caráter político

Politische Macht, eigentlich so genannt, ist nichts anderes als die organisierte Macht einer Klasse, um eine andere zu unterdrücken

O poder político, propriamente dito, é apenas o poder organizado de uma classe para oprimir outra

Wenn das Proletariat in seinem Kampf mit der Bourgeoisie durch die Gewalt der Umstände gezwungen ist, sich als Klasse zu organisieren

Se o proletariado durante a sua disputa com a burguesia é obrigado, por força das circunstâncias, a organizar-se como classe

wenn sie sich durch eine Revolution zur herrschenden Klasse macht

se, por meio de uma revolução, se faz classe dominante,

und als solche fegt sie mit Gewalt die alten Produktionsbedingungen hinweg

e, como tal, varre à força as velhas condições de produção

dann wird sie mit diesen Bedingungen auch die Bedingungen für die Existenz der Klassengegensätze und der Klassen überhaupt hinweggefegt haben

então, juntamente com essas condições, terá varrido as condições para a existência de antagonismos de classe e de classes em geral

und wird damit seine eigene Vorherrschaft als Klasse aufgehoben haben.

e terá, assim, abolido a sua própria supremacia como classe.

An die Stelle der alten Bourgeoisie Gesellschaft mit ihren Klassen und Klassengegensätzen treten eine Assoziation

No lugar da velha sociedade burguesa, com suas classes e antagonismos de classe, teremos uma associação

eine Assoziation, in der die freie Entwicklung eines jeden die Bedingung für die freie Entwicklung aller ist

uma associação em que o livre desenvolvimento de cada um é a condição para o livre desenvolvimento de todos

1) Reaktionärer Sozialismus
1) Socialismo reacionário

a) Feudaler Sozialismus
a) Socialismo feudal

die Aristokratien Frankreichs und Englands hatten eine einzigartige historische Stellung
as aristocracias da França e da Inglaterra tinham uma posição histórica única
es wurde zu ihrer Berufung, Pamphlete gegen die moderne Boureoisie Gesellschaft zu schreiben
tornou-se sua vocação escrever panfletos contra a sociedade burguesa moderna
In der französischen Revolution vom Juli 1830 und in der englischen Reformagitation
Na Revolução Francesa de julho de 1830, e na agitação reformista inglesa
Diese Aristokratien erlagen wieder dem hasserfüllten Emporkömmling
estas aristocracias sucumbiram novamente ao arrivista odioso
An eine ernsthafte politische Auseinandersetzung war fortan nicht mehr zu denken
A partir daí, uma disputa política séria estava completamente fora de cogitação
Alles, was möglich blieb, war eine literarische Schlacht, keine wirkliche Schlacht
Tudo o que restava possível era uma batalha literária, não uma batalha real
Aber auch auf dem Gebiet der Literatur waren die alten Schreie der Restaurationszeit unmöglich geworden
Mas mesmo no domínio da literatura os velhos gritos do período da restauração tornaram-se impossíveis
Um Sympathie zu erregen, mußte die Aristokratie offenbar ihre eigenen Interessen aus den Augen verlieren

Para despertar simpatia, a aristocracia foi obrigada a perder de vista, aparentemente, os seus próprios interesses

und sie waren gezwungen, ihre Anklage gegen die Bourgeoisie im Interesse der ausgebeuteten Arbeiterklasse zu formulieren

e foram obrigados a formular sua acusação contra a burguesia no interesse da classe trabalhadora explorada

So rächte sich die Aristokratie, indem sie ihren neuen Herrn verspottete

Assim, a aristocracia vingou-se cantando lampiões ao seu novo mestre

Und sie rächten sich, indem sie ihm unheimliche Prophezeiungen über die kommende Katastrophe ins Ohr flüsterten

e vingaram-se sussurrando em seus ouvidos profecias sinistras da catástrofe vindoura

So entstand der feudale Sozialismus: halb Klage, halb Spott

Assim surgiu o socialismo feudal: metade lamentação, metade lampião

Es klang halb wie ein Echo der Vergangenheit und projizierte halb die Bedrohung der Zukunft

cantava como meio eco do passado e projetava metade ameaça do futuro

zuweilen traf sie durch ihre bittere, geistreiche und scharfe Kritik die Bourgeoisie bis ins Mark

por vezes, com a sua crítica amarga, espirituosa e incisiva, atingiu a burguesia até ao âmago

aber es war immer lächerlich in seiner Wirkung, weil es völlig unfähig war, den Gang der neueren Geschichte zu begreifen

mas foi sempre ridículo no seu efeito, por total incapacidade de compreender a marcha da história moderna

Die Aristokratie schwenkte, um das Volk um sich zu scharen, den proletarischen Almosensack als Banner

A aristocracia, a fim de reunir o povo, agitou o saco de esmolas proletárias em frente para uma bandeira

Aber das Volk, so oft es sich zu ihnen gesellte, sah auf
seinem Hinterteil die alten Feudalwappen
Mas o povo, tantas vezes que se juntou a eles, viu em seus
traseiros os velhos brasões feudais
Und sie verließen mit lautem und respektlosem Gelächter
e desertaram com gargalhadas altas e irreverentes
Ein Teil der französischen Legitimisten und des "jungen
Englands" zeigte dieses Schauspiel
Uma seção dos legitimistas franceses e da "Young England"
exibiu esse espetáculo
die Feudalisten wiesen darauf hin, dass ihre
Ausbeutungsweise eine andere sei als die der Bourgeoisie
os feudalistas apontavam que seu modo de exploração era
diferente do da burguesia
Die Feudalisten vergessen, dass sie unter ganz anderen
Umständen und Bedingungen ausgebeutet haben
os feudalistas esquecem-se de que exploravam em
circunstâncias e condições bem diferentes
Und sie haben nicht bemerkt, dass solche Methoden der
Ausbeutung heute veraltet sind
e eles não notaram que tais métodos de exploração são agora
antiquados
Sie zeigten, dass unter ihrer Herrschaft das moderne
Proletariat nie existiert hat
Eles mostraram que, sob seu governo, o proletariado moderno
nunca existiu
aber sie vergessen, daß die moderne Bourgeoisie der
notwendige Sprößling ihrer eigenen Gesellschaftsform ist
mas esquecem que a burguesia moderna é a descendência
necessária de sua própria forma de sociedade
Im übrigen verbergen sie kaum den reaktionären Charakter
ihrer Kritik
De resto, dificilmente escondem o carácter reacionário das
suas críticas
ihre Hauptanklage gegen die Bourgeoisie läuft auf
folgendes hinaus

sua principal acusação contra a burguesia é a seguinte:

unter dem Boureoisie Regime entwickelt sich eine soziale Klasse

sob o regime da burguesia desenvolve-se uma classe social

Diese soziale Klasse ist dazu bestimmt, die alte Gesellschaftsordnung an der Wurzel zu zerschneiden

Esta classe social está destinada a criar raízes e ramificar a velha ordem da sociedade

Womit sie die Bourgeoisie aufpeppen, ist nicht so sehr, dass sie ein Proletariat schafft

O que eles atrapalham a burguesia não é tanto que ela crie um proletariado

womit sie die Bourgeoisie aufpeppen, ist mehr, dass sie ein revolutionäres Proletariat schafft

o que eles atrapalham a burguesia é mais ainda que ela cria um proletariado revolucionário

In der politischen Praxis beteiligen sie sich daher an allen Zwangsmaßnahmen gegen die Arbeiterklasse

Na prática política, portanto, eles se juntam a todas as medidas coercitivas contra a classe trabalhadora

Und im gewöhnlichen Leben bücken sie sich, trotz ihrer hochtrabenden Phrasen, um die goldenen Äpfel aufzuheben, die vom Baum der Industrie fallen gelassen wurden

e na vida comum, apesar de suas frases altas, eles se inclinam para pegar as maçãs douradas caídas da árvore da indústria

Und sie tauschen Wahrheit, Liebe und Ehre gegen den Handel mit Wolle, Rote-Bete-Zucker und Kartoffelbränden

e trocam a verdade, o amor e a honra pelo comércio de lã, açúcar de beterraba e bebidas espirituosas de batata

Wie der Pfarrer immer Hand in Hand mit dem Gutsherrn gegangen ist, so ist es der klerikale Sozialismus mit dem feudalen Sozialismus getan

Assim como o parson sempre andou de mãos dadas com o latifundiário, o mesmo aconteceu com o socialismo clerical com o socialismo feudal

Nichts ist leichter, als der christlichen Askese einen sozialistischen Anstrich zu geben

Nada é mais fácil do que dar ao ascetismo cristão um tom socialista

Hat nicht das Christentum gegen das Privateigentum, gegen die Ehe, gegen den Staat deklamiert?

O cristianismo não declamou contra a propriedade privada, contra o casamento, contra o Estado?

Hat das Christentum nicht an die Stelle dieser Nächstenliebe und Armut getreten?

O cristianismo não pregou no lugar destes, a caridade e a pobreza?

Predigt das Christentum nicht den Zölibat und die Abtötung des Fleisches, das monastische Leben und die Mutter Kirche?

O cristianismo não prega o celibato e a mortificação da carne, a vida monástica e a Igreja Mãe?

Der christliche Sozialismus ist nur das Weihwasser, mit dem der Priester das Herzbrennen des Aristokraten weiht

O socialismo cristão é apenas a água benta com que o sacerdote consagra as azias do aristocrata

b) Kleinbürgerlicher Sozialismus
b) Socialismo pequeno-burguês

**Die feudale Aristokratie war nicht die einzige Klasse, die
von der Bourgeoisie ruiniert wurde**
A aristocracia feudal não foi a única classe arruinada pela
burguesia
**sie war nicht die einzige Klasse, deren Existenzbedingungen
in der Atmosphäre der modernen Bourgeoisie Gesellschaft
schmachten und zugrunde gingen**
não foi a única classe cujas condições de existência se fixaram
e pereceram na atmosfera da sociedade burguesa moderna
**Die mittelalterliche Bürgerschaft und die kleinbäuerlichen
Eigentümer waren die Vorläufer des modernen Bourgeoisie**
Os burgueses medievais e os pequenos proprietários
camponeses foram os precursores da burguesia moderna
**In den Ländern, die industriell und kommerziell nur wenig
entwickelt sind, vegetieren diese beiden Klassen noch Seite
an Seite**
Nos países pouco desenvolvidos, industrial e comercialmente,
estas duas classes ainda vegetam lado a lado
**und in der Zwischenzeit erhebt sich die Bourgeoisie neben
ihnen: industriell, kommerziell und politisch**
e, entretanto, a burguesia ergue-se ao seu lado: industrial,
comercial e politicamente
**In den Ländern, in denen die moderne Zivilisation voll
entwickelt ist, hat sich eine neue Klasse des
Kleinbourgeoisie gebildet**
Nos países onde a civilização moderna se desenvolveu
plenamente, formou-se uma nova classe de pequena burguesia
**diese neue soziale Klasse schwankt zwischen Proletariat
und Bourgeoisie**
esta nova classe social oscila entre proletariado e burguesia
**und sie erneuert sich ständig als ergänzender Teil der
Bourgeoisie Gesellschaft**

e está sempre se renovando como parte suplementar da sociedade burguesa

Die einzelnen Glieder dieser Klasse aber werden fortwährend in das Proletariat hinabgeschleudert

No entanto, os membros individuais desta classe são constantemente atirados para o proletariado

sie werden vom Proletariat durch die Einwirkung der Konkurrenz aufgesaugt

são sugados pelo proletariado através da ação da concorrência

In dem Maße, wie sich die moderne Industrie entwickelt, sehen sie sogar den Augenblick herannahen, in dem sie als eigenständiger Teil der modernen Gesellschaft völlig verschwinden wird

À medida que a indústria moderna se desenvolve, eles até veem se aproximar o momento em que desaparecerão completamente como uma seção independente da sociedade moderna

Sie werden in der Manufaktur, in der Landwirtschaft und im Handel durch Aufseher, Gerichtsvollzieher und Krämer ersetzt werden

serão substituídos, nas indústrias transformadoras, na agricultura e no comércio, por vigias, oficiais de justiça e comerciantes

In Ländern wie Frankreich, wo die Bauern weit mehr als die Hälfte der Bevölkerung ausmachen

Em países como a França, onde os camponeses constituem muito mais de metade da população

es war natürlich, dass es Schriftsteller gab, die sich auf die Seite des Proletariats gegen die Bourgeoisie stellten

era natural que houvesse escritores que se colocassem do lado do proletariado contra a burguesia

in ihrer Kritik am Bourgeoisie Regime benutzten sie den Maßstab des Bauern- und Kleinbourgeoisie

em suas críticas ao regime burguês, eles usaram o padrão da pequena burguesia camponesa e pequena burguesia

Und vom Standpunkt dieser Zwischenklassen aus ergreifen sie die Keule für die Arbeiterklasse

e do ponto de vista dessas classes intermediárias eles tomam as rédeas para a classe trabalhadora

So entstand der Kleinbourgeoisie Sozialismus, dessen Haupt Sismondi nicht nur in Frankreich, sondern auch in England war

Assim surgiu o socialismo pequeno-burguês, do qual Sismondi foi o chefe desta escola, não só na França, mas também na Inglaterra

Diese Schule des Sozialismus sezierte mit großer Schärfe die Widersprüche in den Bedingungen der modernen Produktion

Esta escola do socialismo dissecou com grande acuidade as contradições nas condições de produção moderna

Diese Schule entlarvte die heuchlerischen Entschuldigungen der Ökonomen

Esta escola pôs a nu as desculpas hipócritas dos economistas

Diese Schule bewies unwiderlegbar die verheerenden Auswirkungen der Maschinerie und der Arbeitsteilung

Esta escola provou, incontestavelmente, os efeitos desastrosos da maquinaria e da divisão do trabalho

Es bewies die Konzentration von Kapital und Grund und Boden in wenigen Händen

provou a concentração de capital e terra em poucas mãos

sie bewies, wie Überproduktion zu Bourgeoisie-Krisen führt

provou como a superprodução leva a crises burguesas

sie wies auf den unvermeidlichen Ruin des Kleinbourgeoisie' und der Bauern hin

apontava a inevitável ruína da pequena burguesia e do camponês

das Elend des Proletariats, die Anarchie in der Produktion, die schreiende Ungleichheit in der Verteilung des Reichtums

a miséria do proletariado, a anarquia na produção, as gritantes desigualdades na distribuição da riqueza

Er zeigte, wie das Produktionssystem den industriellen
Vernichtungskrieg zwischen den Nationen führt
Mostrou como o sistema de produção lidera a guerra
industrial de extermínio entre nações
die Auflösung der alten sittlichen Bande, der alten
Familienverhältnisse, der alten Nationalitäten
a dissolução dos velhos laços morais, das velhas relações
familiares, das velhas nacionalidades
In ihren positiven Zielen strebt diese Form des Sozialismus
jedoch eines von zwei Dingen an
No entanto, nos seus objetivos positivos, esta forma de
socialismo aspira a alcançar uma de duas coisas
Entweder zielt sie darauf ab, die alten Produktions- und
Tauschmittel wiederherzustellen
ou visa restaurar os antigos meios de produção e de troca
und mit den alten Produktionsmitteln würde sie die alten
Eigentumsverhältnisse und die alte Gesellschaft
wiederherstellen
e com os antigos meios de produção restauraria as antigas
relações de propriedade e a velha sociedade
oder sie zielt darauf ab, die modernen Produktions- und
Austauschmittel in den alten Rahmen der
Eigentumsverhältnisse zu zwängen
ou visa apertar os modernos meios de produção e trocar para
o velho quadro das relações de propriedade
In beiden Fällen ist es sowohl reaktionär als auch utopisch
Em ambos os casos, é reacionário e utópico
Seine letzten Worte lauten: Korporativzünfte für die
Manufaktur, patriarchalische Verhältnisse in der
Landwirtschaft
Suas últimas palavras são: corporações para manufatura,
relações patriarcais na agricultura
Schließlich, als hartnäckige historische Tatsachen alle
berauschenden Wirkungen der Selbsttäuschung zerstreut
hatten,

Em última análise, quando os fatos históricos teimosos haviam
dispersado todos os efeitos inebriantes do autoengano
**diese Form des Sozialismus endete in einem elenden Anfall
von Mitleid**
esta forma de socialismo terminou num miserável ataque de
piedade

c) Deutscher oder "wahrer" Sozialismus
c) Socialismo alemão, ou "verdadeiro"

Die sozialistische und kommunistische Literatur Frankreichs entstand unter dem Druck einer herrschenden Bourgeoisie

A literatura socialista e comunista da França teve origem sob a pressão de uma burguesia no poder

Und diese Literatur war der Ausdruck des Kampfes gegen diese Macht

e esta literatura foi a expressão da luta contra esse poder

sie wurde in Deutschland zu einer Zeit eingeführt, als die Bourgeoisie gerade ihren Kampf mit dem feudalen Absolutismus begonnen hatte

foi introduzido na Alemanha numa altura em que a burguesia tinha acabado de começar a sua luta contra o absolutismo feudal

Deutsche Philosophen, Möchtegern-Philosophen und Beaux Esprits griffen begierig zu dieser Literatur

Filósofos alemães, aspirantes a filósofos e beaux esprits, agarraram-se ansiosamente a esta literatura

aber sie vergaßen, daß die Schriften aus Frankreich nach Deutschland einwanderten, ohne die französischen Gesellschaftsverhältnisse mitzubringen

mas esqueceram que os escritos imigraram da França para a Alemanha sem trazer as condições sociais francesas

Im Kontakt mit den deutschen gesellschaftlichen Verhältnissen verlor diese französische Literatur ihre unmittelbare praktische Bedeutung

Em contacto com as condições sociais alemãs, esta literatura francesa perdeu todo o seu significado prático imediato

und die kommunistische Literatur Frankreichs nahm in deutschen akademischen Kreisen einen rein literarischen Aspekt an

e a literatura comunista da França assumiu um aspeto puramente literário nos círculos académicos alemães

So waren die Forderungen der ersten Französischen
Revolution nichts anderes als die Forderungen der
"praktischen Vernunft"
Assim, as exigências da primeira Revolução Francesa nada
mais eram do que as exigências da "Razão Prática"
und die Willensäußerung der revolutionären französischen
Bourgeoisie bedeutete in ihren Augen das Gesetz des reinen
Willens
e a pronúncia da vontade da burguesia francesa
revolucionária significava aos seus olhos a lei da vontade pura
es bedeutete den Willen, wie er sein mußte; des wahren
menschlichen Willens überhaupt
significava a Vontade como ela estava fadada a ser; da
verdadeira Vontade humana em geral
Die Welt der deutschen Literaten bestand einzig und allein
darin, die neuen französischen Ideen mit ihrem alten
philosophischen Gewissen in Einklang zu bringen
O mundo dos literatos alemães consistia unicamente em
harmonizar as novas ideias francesas com a sua antiga
consciência filosófica
oder vielmehr, sie annektierten die französischen Ideen,
ohne ihren eigenen philosophischen Standpunkt
aufzugeben
ou melhor, anexaram as ideias francesas sem abandonar o seu
próprio ponto de vista filosófico
Diese Annexion vollzog sich auf die gleiche Weise, wie man
sich eine Fremdsprache aneignet, nämlich durch
Übersetzung
Esta anexação ocorreu da mesma forma que uma língua
estrangeira é apropriada, ou seja, através da tradução
Es ist bekannt, wie die Mönche alberne Leben katholischer
Heiliger über Manuskripte schrieben
É bem sabido como os monges escreveram vidas bobas de
santos católicos sobre manuscritos
die Manuskripte, auf denen die klassischen Werke des
antiken Heidentums geschrieben waren

os manuscritos sobre os quais as obras clássicas do antigo paganismo tinham sido escritas

Die deutschen Literaten kehrten diesen Prozess mit der profanen französischen Literatur um

Os literatos alemães inverteram esse processo com a literatura francesa profana

Sie schrieben ihren philosophischen Unsinn unter das französische Original

Escreveram os seus disparates filosóficos por baixo do original francês

Zum Beispiel schrieben sie unter der französischen Kritik an den ökonomischen Funktionen des Geldes "Entfremdung der Menschheit"

Por exemplo, sob a crítica francesa às funções econômicas do dinheiro, eles escreveram "Alienação da Humanidade"

unter die französische Kritik am Bourgeoisie Staat schrieben sie "Entthronung der Kategorie des Generals"

sob a crítica francesa ao Estado burguês escreveram "destronamento da categoria do general"

Die Einführung dieser philosophischen Phrasen hinter der französischen Geschichtskritik nannten sie:

A introdução destas frases filosóficas no fundo das críticas históricas francesas que apelidaram:

"Philosophie des Handelns", "Wahrer Sozialismus", "Deutsche Sozialismuswissenschaft", "Philosophische Grundlagen des Sozialismus" und so weiter

"Filosofia da Ação", "Socialismo Verdadeiro", "Ciência Alemã do Socialismo", "Fundamento Filosófico do Socialismo" e assim por diante

Die französische sozialistische und kommunistische Literatur wurde damit völlig entmannt

A literatura socialista e comunista francesa foi, assim, completamente emasculada

in den Händen der deutschen Philosophen hörte sie auf, den Kampf der einen Klasse mit der anderen auszudrücken

nas mãos dos filósofos alemães deixou de expressar a luta de uma classe com a outra

und so fühlten sich die deutschen Philosophen bewußt, die "französische Einseitigkeit" überwunden zu haben

e assim os filósofos alemães sentiram-se conscientes de terem superado a "unilateralidade francesa"

Sie musste keine wahren Forderungen repräsentieren, sondern sie repräsentierte Forderungen der Wahrheit

não tinha de representar exigências verdadeiras, mas sim exigências de verdade

es gab kein Interesse am Proletariat, sondern an der menschlichen Natur

não havia interesse pelo proletariado, pelo contrário, havia interesse pela Natureza Humana

das Interesse galt dem Menschen überhaupt, der keiner Klasse angehört und keine Wirklichkeit hat

o interesse era pelo Homem em geral, que não pertence a nenhuma classe e não tem realidade

ein Mann, der nur im nebligen Reich der philosophischen Fantasie existiert

um homem que só existe no reino nebuloso da fantasia filosófica

aber schließlich verlor auch dieser deutsche Schulsozialismus seine pedantische Unschuld

mas, eventualmente, este estudante do socialismo alemão também perdeu a sua inocência pedante

die deutsche Bourgeoisie und besonders die preußische Bourgeoisie kämpfte gegen die feudale Aristokratie

a burguesia alemã, e especialmente a burguesia prussiana, lutaram contra a aristocracia feudal

auch die absolute Monarchie Deutschlands und Preußens wurde bekämpft

a monarquia absoluta da Alemanha e da Prússia também estava sendo combatida

Und im Gegenzug wurde auch die Literatur der liberalen Bewegung ernster

e, por sua vez, a literatura do movimento liberal também se tornou mais séria

Deutschlands lang ersehnte Chance auf einen "wahren" Sozialismus wurde geboten

A tão desejada oportunidade da Alemanha para o "verdadeiro" socialismo foi oferecida

die Möglichkeit, die politische Bewegung mit den sozialistischen Forderungen zu konfrontieren

a oportunidade de confrontar o movimento político com as reivindicações socialistas

die Gelegenheit, die traditionellen Bannsprüche gegen den Liberalismus zu schleudern

a oportunidade de lançar os anátemas tradicionais contra o liberalismo

die Möglichkeit, die repräsentative Regierung und die Bourgeoisie Konkurrenz anzugreifen

a oportunidade de atacar o governo representativo e a concorrência burguesa

Pressefreiheit der Bourgeoisie, Bourgeoisie Gesetzgebung, Bourgeoisie Freiheit und Gleichheit

Burguesia liberdade de imprensa, legislação burguesa, burguesia liberdade e igualdade

All dies könnte nun in der realen Welt kritisiert werden, anstatt in der Fantasie

tudo isso agora poderia ser criticado no mundo real, e não na fantasia

Feudalaristokratie und absolute Monarchie hatten den Massen lange gepredigt

A aristocracia feudal e a monarquia absoluta há muito pregavam às massas

"Der Arbeiter hat nichts zu verlieren und er hat alles zu gewinnen"

"o trabalhador não tem nada a perder e tem tudo a ganhar"

auch die Bourgeoisie bewegung bot eine Chance, sich mit diesen Plattitüden auseinanderzusetzen

o movimento burguês também ofereceu uma oportunidade
para confrontar esses chavões

**die französische Kritik setzte die Existenz der modernen
Bourgeoisie Gesellschaft voraus**
a crítica francesa pressupunha a existência da sociedade
burguesa moderna

**Bourgeoisie, ökonomische Existenzbedingungen und
Bourgeoisie politische Verfassung**
Condições econômicas de existência da burguesia e
constituição política da burguesia

**gerade die Dinge, deren Errungenschaft Gegenstand des in
Deutschland anstehenden Kampfes war**
as mesmas coisas cuja realização foi objeto da luta pendente na
Alemanha

**Deutschlands albernes Echo des Sozialismus hat diese Ziele
gerade noch rechtzeitig aufgegeben**
O eco tolo do socialismo na Alemanha abandonou esses
objetivos em cima da hora

**Die absoluten Regierungen hatten ihre Gefolgschaft aus
Pfarrern, Professoren, Landjunkern und Beamten**
Os governos absolutos tinham seus seguidores de parsons,
professores, escudeiros e funcionários

**die damalige Regierung begegnete den deutschen
Arbeiteraufständen mit Auspeitschungen und Kugeln**
o governo da época enfrentou os levantes da classe
trabalhadora alemã com açoites e balas

**ihnen diente dieser Sozialismus als willkommene
Vogelscheuche gegen die drohende Bourgeoisie**
para eles, este socialismo serviu de espantalho bem-vindo
contra a burguesia ameaçadora

**und die deutsche Regierung konnte nach den bitteren
Pillen, die sie austeilte, ein süßes Dessert anbieten**
e o governo alemão foi capaz de oferecer uma sobremesa doce
depois das pílulas amargas que distribuiu

**dieser "wahre" Sozialismus diente also den Regierungen als
Waffe im Kampf gegen die deutsche Bourgeoisie**

este "verdadeiro" socialismo serviu, assim, aos governos como arma de combate à burguesia alemã

und gleichzeitig repräsentierte sie direkt ein reaktionäres Interesse; die der deutschen Philister

e, ao mesmo tempo, representava diretamente um interesse reacionário; a dos filisteus alemães

In Deutschland ist das Kleinbourgeoisie die wirkliche gesellschaftliche Grundlage des bestehenden Zustandes

Na Alemanha, a classe da pequena burguesia é a base social real do estado de coisas existente

Ein Relikt des sechzehnten Jahrhunderts, das immer wieder in verschiedenen Formen auftaucht

uma relíquia do século XVI que tem surgido constantemente sob várias formas

Diese Klasse zu bewahren bedeutet, den bestehenden Zustand in Deutschland zu bewahren

Preservar esta classe é preservar o estado de coisas existente na Alemanha

Die industrielle und politische Vorherrschaft der Bourgeoisie bedroht das KleinBourgeoisie mit der sicheren Vernichtung

A supremacia industrial e política da burguesia ameaça a pequena burguesia com certa destruição

auf der einen Seite droht sie das Kleinbourgeoisiedurch die Konzentration des Kapitals zu vernichten

por um lado, ameaça destruir a pequena burguesia através da concentração de capital

auf der anderen Seite droht die Bourgeoisie, sie durch den Aufstieg eines revolutionären Proletariats zu zerstören

por outro lado, a burguesia ameaça destruí-la através da ascensão de um proletariado revolucionário

Der "wahre" Sozialismus schien diese beiden Fliegen mit einer Klappe zu schlagen. Es breitete sich wie eine Epidemie aus

O "verdadeiro" socialismo parecia matar esses dois pássaros com uma cajadada só. Espalhou-se como uma epidemia

Das Gewand spekulativer Spinnweben, bestickt mit Blumen der Rhetorik, durchtränkt vom Tau kränklicher Gefühle
O manto das teias de aranha especulativas, bordadas com flores de retórica, mergulhadas no orvalho do sentimento doentio
dieses transzendentale Gewand, in das die deutschen Sozialisten ihre traurigen "ewigen Wahrheiten" hüllten
este manto transcendental em que os socialistas alemães embrulhavam as suas tristes "verdades eternas"
alle Haut und Knochen, dienten dazu, den Absatz ihrer Waren bei einem solchen Publikum wunderbar zu vermehren.
toda a pele e osso, serviu para aumentar maravilhosamente a venda de seus bens entre tal público
Und der deutsche Sozialismus seinerseits erkannte mehr und mehr seine eigene Berufung
E, por sua vez, o socialismo alemão reconheceu, cada vez mais, a sua própria vocação
sie war berufen, die bombastische Vertreterin des Kleinbourgeoisie Philisters zu sein
foi chamado a ser o bombástico representante da pequena burguesia filisteia
Sie proklamierte die deutsche Nation als Musternation und den deutschen Kleinphilister als Mustermann
Proclamou a nação alemã como a nação modelo, e o pequeno filisteu alemão como o homem modelo
Jeder schurkischen Gemeinheit dieses Mustermenschen gab sie eine verborgene, höhere, sozialistische Deutung
A cada mesquinhez vilã desse homem modelo dava uma interpretação oculta, superior, socialista
diese höhere, sozialistische Deutung war das genaue Gegenteil ihres wirklichen Charakters
esta interpretação superior, socialista, era exatamente o contrário de seu caráter real
Sie ging so weit, sich der "brutal destruktiven" Tendenz des Kommunismus direkt entgegenzustellen

Chegou ao extremo de se opor diretamente à tendência
"brutalmente destrutiva" do comunismo
und sie proklamierte ihre höchste und unparteiische
Verachtung aller Klassenkämpfe
e proclamou o seu supremo e imparcial desprezo por todas as
lutas de classes
Mit sehr wenigen Ausnahmen gehören alle sogenannten
sozialistischen und kommunistischen Publikationen, die
jetzt (1847) in Deutschland zirkulieren, in den Bereich dieser
üblen und entnervenden Literatur
Com pouquíssimas exceções, todas as publicações ditas
socialistas e comunistas que hoje (1847) circulam na Alemanha
pertencem ao domínio dessa literatura suja e enervante

2) Konservativer Sozialismus oder bürgerlicher Sozialismus
2) Socialismo conservador, ou socialismo burguês

Ein Teil der Bourgeoisie will soziale Missstände beseitigen
Uma parte da burguesia está desejosa de reparar as queixas
sociais
um den Fortbestand der Bourgeoisie Gesellschaft zu sichern
a fim de assegurar a continuidade da sociedade burguesa
**Zu dieser Sektion gehören Ökonomen, Philanthropen,
Menschenfreunde**
A esta seção pertencem economistas, filantropos, humanitários
**Verbesserer der Lage der Arbeiterklasse und Organisatoren
der Wohltätigkeit**
melhoradores da condição da classe trabalhadora e
organizadores da caridade
**Mitglieder von Gesellschaften zur Verhütung von
Tierquälerei**
Membros das Sociedades para a Prevenção da Crueldade
contra os Animais
**Mäßigkeitsfanatiker, Loch-und-Ecken-Reformer aller
erdenklichen Art**
fanáticos da temperança, reformadores de todos os tipos
imagináveis
**Diese Form des Sozialismus ist überdies zu vollständigen
Systemen ausgearbeitet worden**
Esta forma de socialismo foi, além disso, trabalhada em
sistemas completos
**Als Beispiel für diese Form sei Proudhons "Philosophie de
la Misère" angeführt**
Podemos citar a "Philosophie de la Misère" de Proudhon como
exemplo desta forma
**Die sozialistische Bourgeoisie will alle Vorteile der
modernen gesellschaftlichen Verhältnisse**
A burguesia socialista quer todas as vantagens das condições
sociais modernas

aber die sozialistische Bourgeoisie will nicht unbedingt die daraus resultierenden Kämpfe und Gefahren

mas a burguesia socialista não quer necessariamente as lutas e perigos resultantes

Sie wollen den bestehenden Zustand der Gesellschaft, abzüglich ihrer revolutionären und zerfallenden Elemente

Desejam o estado existente da sociedade, menos os seus elementos revolucionários e desagregadores

mit anderen Worten, sie wünschen sich eine Bourgeoisie ohne Proletariat

por outras palavras, desejam uma burguesia sem proletariado

Die Bourgeoisie begreift natürlich die Welt, in der sie die höchste ist, die Beste zu sein

A burguesia concebe naturalmente o mundo em que é supremo ser o melhor

und der Bourgeoisie Sozialismus entwickelt diese bequeme Auffassung zu verschiedenen mehr oder weniger vollständigen Systemen

e o socialismo burguês desenvolve essa conceção confortável em vários sistemas mais ou menos completos

sie wünschen sich sehr, dass das Proletariat geradewegs in das soziale Neue Jerusalem marschiert

eles gostariam muito que o proletariado marchasse diretamente para a Nova Jerusalém social

Aber in Wirklichkeit verlangt sie, dass das Proletariat innerhalb der Grenzen der bestehenden Gesellschaft bleibt

mas, na realidade, exige que o proletariado permaneça dentro dos limites da sociedade existente

sie fordern das Proletariat auf, alle seine hasserfüllten Ideen über die Bourgeoisie abzulegen

pedem ao proletariado que abandone todas as suas ideias odiosas em relação à burguesia

es gibt eine zweite, praktischere, aber weniger systematische Form dieses Sozialismus

há uma segunda forma mais prática, mas menos sistemática, deste socialismo

Diese Form des Sozialismus versuchte, jede revolutionäre Bewegung in den Augen der Arbeiterklasse abzuwerten

Esta forma de socialismo procurava depreciar todos os movimentos revolucionários aos olhos da classe operária

Sie argumentieren, dass keine bloße politische Reform für sie von Vorteil sein könnte

Eles argumentam que nenhuma mera reforma política poderia ser vantajosa para eles

nur eine Veränderung der materiellen Existenzbedingungen in den wirtschaftlichen Beziehungen ist von Nutzen

só uma mudança nas condições materiais de existência nas relações económicas é benéfica

Wie der Kommunismus tritt auch diese Form des Sozialismus für eine Veränderung der materiellen Existenzbedingungen ein

Tal como o comunismo, esta forma de socialismo defende uma mudança nas condições materiais de existência

Diese Form des Sozialismus bedeutet jedoch keineswegs, dass die Bourgeoisie Produktionsverhältnisse abgeschafft werden

no entanto, esta forma de socialismo não sugere de modo algum a abolição das relações de produção burguesas

die Abschaffung der Bourgeoisie Produktionsverhältnisse kann nur durch eine Revolution erreicht werden

a abolição das relações de produção burguesas só pode ser alcançada através de uma revolução

Doch statt einer Revolution schlägt diese Form des Sozialismus Verwaltungsreformen vor

Mas, em vez de uma revolução, esta forma de socialismo sugere reformas administrativas

und diese Verwaltungsreformen würden auf dem Fortbestand dieser Beziehungen beruhen

e estas reformas administrativas basear-se-iam na manutenção dessas relações

Reformen, die in keiner Weise die Beziehungen zwischen Kapital und Arbeit berühren

reformas, portanto, que em nada afetam as relações entre capital e trabalho

im besten Fall verringern solche Reformen die Kosten und vereinfachen die Verwaltungsarbeit der Bourgeoisie Regierung

na melhor das hipóteses, tais reformas diminuem o custo e simplificam o trabalho administrativo do governo burguês

Der Bourgeoisie Sozialismus kommt dann und nur dann adäquat zum Ausdruck, wenn er zur bloßen Redewendung wird

O socialismo burguês alcança expressão adequada, quando, e somente quando, se torna uma mera figura de linguagem

Freihandel: zum Wohle der Arbeiterklasse

Comércio livre: em benefício da classe trabalhadora

Schutzpflichten: zum Wohle der Arbeiterklasse

Deveres de proteção: em benefício da classe trabalhadora

Gefängnisreform: zum Wohle der Arbeiterklasse

Reforma penitenciária: em benefício da classe trabalhadora

Das ist das letzte Wort und das einzig ernst gemeinte Wort des Bourgeoisie Sozialismus

Esta é a última palavra e a única palavra séria do socialismo burguês

Sie ist in dem Satz zusammengefasst: Die Bourgeoisie ist eine Bourgeoisie zum Wohle der Arbeiterklasse

Resume-se na frase: a burguesia é uma burguesia em benefício da classe trabalhadora

3) Kritisch-utopischer Sozialismus und Kommunismus
3) Socialismo crítico-utópico e comunismo

Wir beziehen uns hier nicht auf jene Literatur, die den Forderungen des Proletariats immer eine Stimme gegeben hat
Não nos referimos aqui àquela literatura que sempre deu voz às reivindicações do proletariado
dies war in jeder großen modernen Revolution vorhanden, wie z. B. in den Schriften von Babeuf und anderen
isso esteve presente em todas as grandes revoluções modernas, como os escritos de Babeuf e outros
Die ersten unmittelbaren Versuche des Proletariats, seine eigenen Ziele zu erreichen, scheiterten notwendigerweise
As primeiras tentativas diretas do proletariado de atingir seus próprios fins necessariamente fracassaram
Diese Versuche wurden in Zeiten allgemeiner Aufregung unternommen, als die feudale Gesellschaft gestürzt wurde
Essas tentativas foram feitas em tempos de excitação universal, quando a sociedade feudal estava sendo derrubada
Der damals noch unterentwickelte Zustand des Proletariats führte zum Scheitern dieser Versuche
O estado então subdesenvolvido do proletariado levou ao fracasso dessas tentativas
und sie scheiterten am Fehlen der wirtschaftlichen Voraussetzungen für ihre Emanzipation
e falharam devido à ausência de condições económicas para a sua emancipação
Bedingungen, die erst noch geschaffen werden mussten und die durch die bevorstehende Epoche der Bourgeoisie allein hervorgebracht werden konnten
condições que ainda não tinham sido produzidas, e poderiam ser produzidas apenas pela época burguesa iminente
Die revolutionäre Literatur, die diese ersten Bewegungen des Proletariats begleitete, hatte notwendigerweise einen reaktionären Charakter

A literatura revolucionária que acompanhou esses primeiros movimentos do proletariado tinha necessariamente um caráter reacionário

Diese Literatur schärfte universelle Askese und soziale Nivellierung in ihrer gröbsten Form ein

Esta literatura inculcou o ascetismo universal e o nivelamento social na sua forma mais crua

Die sozialistischen und kommunistischen Systeme, die man eigentlich so nennt, entstehen in der frühen unentwickelten Periode

Os sistemas socialista e comunista, propriamente ditos, surgiram no início do período subdesenvolvido

Saint-Simon, Fourier, Owen und andere beschrieben den Kampf zwischen Proletariat und Bourgeoisie (siehe Abschnitt 1)

Saint-Simon, Fourier, Owen e outros, descreveram a luta entre proletariado e burguesia (ver Seção 1)

Die Begründer dieser Systeme sehen in der Tat die Klassengegensätze

Os fundadores desses sistemas veem, de fato, os antagonismos de classe

Sie sehen auch das Wirken der sich zersetzenden Elemente in der herrschenden Gesellschaftsform

vêem também a ação dos elementos em decomposição, na forma predominante da sociedade

Aber das Proletariat, das noch in den Kinderschuhen steckt, bietet ihnen das Schauspiel einer Klasse ohne jede historische Initiative

Mas o proletariado, ainda na sua infância, oferece-lhes o espetáculo de uma classe sem qualquer iniciativa histórica

Sie sehen das Schauspiel einer sozialen Klasse ohne unabhängige politische Bewegung

Vêem o espetáculo de uma classe social sem qualquer movimento político independente

Die Entwicklung des Klassengegensatzes hält mit der Entwicklung der Industrie Schritt

O desenvolvimento do antagonismo de classe acompanha o
desenvolvimento da indústria
Die ökonomische Lage bietet ihnen also noch nicht die
materiellen Bedingungen für die Befreiung des Proletariats
Assim, a situação económica ainda não lhes oferece as
condições materiais para a emancipação do proletariado
Sie suchen also nach einer neuen Sozialwissenschaft, nach
neuen sozialen Gesetzen, die diese Bedingungen schaffen
sollen
Procuram, portanto, uma nova ciência social, novas leis
sociais, que criem essas condições
historisches Handeln besteht darin, sich ihrem persönlichen
erfinderischen Handeln zu beugen
a ação histórica é ceder à sua ação inventiva pessoal
Historisch geschaffene Emanzipationsbedingungen sollen
phantastischen Verhältnissen weichen
condições historicamente criadas de emancipação são ceder a
condições fantásticas
und die allmähliche, spontane Klassenorganisation des
Proletariats soll der Organisation der Gesellschaft weichen
e a organização de classe gradual e espontânea do
proletariado é ceder à organização da sociedade
die Organisation der Gesellschaft, die von diesen Erfindern
eigens ersonnen wurde
a organização da sociedade especialmente inventada por estes
inventores
Die zukünftige Geschichte löst sich in ihren Augen in die
Propaganda und die praktische Durchführung ihrer sozialen
Pläne auf
A história futura resolve-se, aos seus olhos, na propaganda e
na realização prática dos seus planos sociais
Bei der Ausarbeitung ihrer Pläne sind sie sich bewußt, daß
sie sich in erster Linie um die Interessen der Arbeiterklasse
kümmern
Na formação de seus planos, eles estão conscientes de cuidar
principalmente dos interesses da classe trabalhadora

Nur unter dem Gesichtspunkt, die leidendste Klasse zu sein, existiert das Proletariat für sie

Só do ponto de vista de serem a classe mais sofrida é que o proletariado existe para eles

Der unentwickelte Zustand des Klassenkampfes und ihre eigene Umgebung prägen ihre Meinungen

O estado subdesenvolvido da luta de classes e o seu próprio ambiente informam as suas opiniões

Sozialisten dieser Art halten sich allen Klassengegensätzen weit überlegen

Socialistas deste tipo consideram-se muito superiores a todos os antagonismos de classe

Sie wollen die Lage jedes Mitglieds der Gesellschaft verbessern, auch die der Begünstigten

Querem melhorar a condição de todos os membros da sociedade, mesmo dos mais favorecidos

Daher appellieren sie gewöhnlich an die Gesellschaft als Ganzes, ohne Unterschied der Klasse

Por isso, costumam apelar para a sociedade em geral, sem distinção de classe

Ja, sie appellieren an die Gesellschaft als Ganzes, indem sie die herrschende Klasse bevorzugen

pelo contrário, apelam à sociedade em geral por preferência à classe dominante

Für sie ist alles, was es braucht, dass andere ihr System verstehen

Para eles, tudo o que é necessário é que os outros entendam o seu sistema

Denn wie können die Menschen nicht erkennen, dass der bestmögliche Plan für den bestmöglichen Zustand der Gesellschaft ist?

Porque como podem as pessoas não ver que o melhor plano possível é para o melhor estado possível da sociedade?

Daher lehnen sie jede politische und vor allem jede revolutionäre Aktion ab

Por isso, rejeitam toda a ação política e, sobretudo, toda a ação revolucionária

Sie wollen ihre Ziele mit friedlichen Mitteln erreichen

desejam atingir os seus fins por meios pacíficos

Sie bemühen sich durch kleine Experimente, die notwendigerweise zum Scheitern verurteilt sind

Esforçam-se, através de pequenas experiências, necessariamente condenadas ao fracasso

und durch die Kraft des Beispiels versuchen sie, den Weg für das neue soziale Evangelium zu ebnen

e, pela força do exemplo, procuram abrir caminho para o novo Evangelho social

Welch phantastische Bilder von der zukünftigen Gesellschaft, gemalt in einer Zeit, in der sich das Proletariat noch in einem sehr unterentwickelten Zustand befindet

Tais imagens fantásticas da sociedade futura, pintadas numa época em que o proletariado ainda está em um estado muito subdesenvolvido

und sie hat immer noch nur eine phantastische Vorstellung von ihrer eigenen Stellung

e ainda tem apenas uma conceção fantástica de sua própria posição

aber ihre ersten instinktiven Sehnsüchte entsprechen den Sehnsüchten des Proletariats

mas os seus primeiros anseios instintivos correspondem aos anseios do proletariado

Beide sehnen sich nach einem allgemeinen Umbau der Gesellschaft

Ambos anseiam por uma reconstrução geral da sociedade

Aber diese sozialistischen und kommunistischen Veröffentlichungen enthalten auch ein kritisches Element

Mas estas publicações socialistas e comunistas contêm também um elemento crítico

Sie greifen jedes Prinzip der bestehenden Gesellschaft an

Atacam todos os princípios da sociedade existente

Daher sind sie voll von den wertvollsten Materialien für die Aufklärung der Arbeiterklasse

Por isso, estão repletos dos materiais mais valiosos para o esclarecimento da classe trabalhadora

Sie schlagen die Abschaffung der Unterscheidung zwischen Stadt und Land und der Familie vor

propõem a abolição da distinção entre cidade e campo, e família

die Abschaffung des Gewerbetreibens für Rechnung von Privatpersonen

a abolição do exercício de atividades por conta de particulares

und die Abschaffung des Lohnsystems und die Proklamation des sozialen Friedens

e a abolição do sistema salarial e a proclamação da harmonia social

die Verwandlung der Funktionen des Staates in eine bloße Aufsicht über die Produktion

a conversão das funções do Estado numa mera superintendência da produção

Alle diese Vorschläge deuten einzig und allein auf das Verschwinden der Klassengegensätze hin

Todas estas propostas apontam apenas para o desaparecimento dos antagonismos de classe

Klassengegensätze waren damals gerade erst im Entstehen begriffen

Os antagonismos de classe estavam, naquela época, apenas surgindo

In diesen Veröffentlichungen werden diese Klassengegensätze nur in ihren frühesten, undeutlichen und unbestimmten Formen anerkannt

Nestas publicações, estes antagonismos de classe são reconhecidos apenas nas suas formas mais antigas, indistintas e indefinidas

Diese Vorschläge haben also rein utopischen Charakter

Estas propostas têm, portanto, um carácter puramente utópico

Die Bedeutung des kritisch-utopischen Sozialismus und des Kommunismus steht in einem umgekehrten Verhältnis zur historischen Entwicklung

O significado do socialismo crítico-utópico e do comunismo tem uma relação inversa com o desenvolvimento histórico

Der moderne Klassenkampf wird sich entwickeln und weiter konkrete Gestalt annehmen

A luta de classes moderna desenvolver-se-á e continuará a tomar forma definitiva

Dieses fantastische Ansehen des Wettbewerbs wird jeden praktischen Wert verlieren

Esta fantástica posição do concurso perderá todo o valor prático

Diese phantastischen Angriffe auf die Klassengegensätze verlieren jede theoretische Rechtfertigung

Estes fantásticos ataques aos antagonismos de classe perderão toda a justificação teórica

Die Urheber dieser Systeme waren in vielerlei Hinsicht revolutionär

Os criadores destes sistemas foram, em muitos aspetos, revolucionários

Aber ihre Jünger haben in jedem Fall bloße reaktionäre Sekten gebildet

mas os seus discípulos formaram, em todos os casos, meras seitas reacionárias

Sie halten an den ursprünglichen Ansichten ihrer Meister fest

Eles se apegam firmemente às visões originais de seus mestres

Aber diese Anschauungen stehen im Gegensatz zur fortschreitenden geschichtlichen Entwicklung des Proletariats

Mas estas visões opõem-se ao desenvolvimento histórico progressista do proletariado

Sie bemühen sich daher, und zwar konsequent, den Klassenkampf abzustumpfen

Procuram, portanto, e isso de forma consistente, amortecer a luta de classes

Und sie bemühen sich konsequent, die Klassengegensätze zu versöhnen

e esforçam-se consistentemente por conciliar os antagonismos de classe

Noch träumen sie von der experimentellen Umsetzung ihrer gesellschaftlichen Utopien

Eles ainda sonham com a realização experimental de suas utopias sociais

sie träumen immer noch davon, isolierte "Phalanster" zu gründen und "Heimatkolonien" zu gründen

eles ainda sonham em fundar "falanges" isoladas e estabelecer "Colônias Domésticas"

sie träumen davon, eine "Kleine Ikaria" zu errichten – Duodecimo-Ausgaben des Neuen Jerusalem

eles sonham em criar uma "Pequena Icaria" - edições duodecimo da Nova Jerusalém

Und sie träumen davon, all diese Luftschlösser zu verwirklichen

e sonham em realizar todos esses castelos no ar

Sie sind gezwungen, an die Gefühle und den Geldbeutel der Bourgeoisie zu appellieren

são compelidos a apelar para os sentimentos e bolsas dos burgueses

Nach und nach sinken sie in die Kategorie der oben dargestellten reaktionären konservativen Sozialisten

Aos poucos, eles se afundam na categoria dos socialistas conservadores reacionários descritos acima

sie unterscheiden sich von diesen nur durch systematischere Pedanterie

eles diferem destes apenas por pedantismo mais sistemático

und sie unterscheiden sich durch ihren fanatischen und abergläubischen Glauben an die Wunderwirkungen ihrer Sozialwissenschaft

e diferem pela sua crença fanática e supersticiosa nos efeitos milagrosos da sua ciência social

Sie widersetzen sich daher gewaltsam jeder politischen Aktion der Arbeiterklasse

Eles, portanto, se opõem violentamente a toda ação política por parte da classe trabalhadora

ein solches Handeln kann ihrer Meinung nach nur aus blindem Unglauben an das neue Evangelium resultieren

tal ação, segundo eles, só pode resultar de uma incredulidade cega no novo Evangelho

Die Owenisten in England und die Fourieristen in Frankreich stehen den Chartisten und den "Réformisten" entgegen

Os Owenites na Inglaterra, e os Fourieristas na França, respectivamente, se opõem aos Cartistas e aos "Réformistes"

Stellung der Kommunisten zu den verschiedenen bestehenden Oppositionsparteien
Posição dos comunistas em relação aos vários partidos de oposição existentes

Abschnitt II hat die Beziehungen der Kommunisten zu den bestehenden Arbeiterparteien deutlich gemacht
A Secção II deixou claras as relações dos comunistas com os partidos operários existentes
wie die Chartisten in England und die Agrarreformer in Amerika
como os Cartistas na Inglaterra e os Reformadores Agrários na América
Die Kommunisten kämpfen für die Erreichung der unmittelbaren Ziele
Os comunistas lutam pela concretização dos objetivos imediatos
Sie kämpfen für die Durchsetzung der momentanen Interessen der Arbeiterklasse
lutam pela efetivação dos interesses momentâneos da classe trabalhadora
Aber in der politischen Bewegung der Gegenwart repräsentieren und kümmern sie sich auch um die Zukunft dieser Bewegung
mas no movimento político do presente, eles também representam e cuidam do futuro desse movimento
In Frankreich verbünden sich die Kommunisten mit den Sozialdemokraten
Em França, os comunistas aliam-se aos sociais-democratas
und sie positionieren sich gegen die konservative und radikale Bourgeoisie
e posicionam-se contra a burguesia conservadora e radical
sie behalten sich jedoch das Recht vor, eine kritische Position gegenüber Phrasen und Illusionen einzunehmen, die traditionell aus der großen Revolution überliefert sind

no entanto, reservam-se o direito de assumir uma posição crítica em relação a frases e ilusões tradicionalmente transmitidas da grande Revolução

In der Schweiz unterstützt man die Radikalen, ohne dabei aus den Augen zu verlieren, dass diese Partei aus antagonistischen Elementen besteht

Na Suíça, apoiam os radicais, sem perder de vista que este partido é composto por elementos antagónicos

teils von demokratischen Sozialisten im französischen Sinne, teils von radikaler Bourgeoisie

em parte de socialistas democráticos, no sentido francês, em parte de burguesia radical

In Polen unterstützen sie die Partei, die auf einer Agrarrevolution als Hauptbedingung für die nationale Emanzipation beharrt

Na Polónia apoiam o partido que insiste numa revolução agrária como condição primordial para a emancipação nacional

jene Partei, die 1846 den Krakauer Aufstand angezettelt hatte

o partido que fomentou a insurreição de Cracóvia em 1846

In Deutschland kämpft man mit der Bourgeoisie, wenn sie revolutionär handelt

Na Alemanha, eles lutam com a burguesia sempre que ela age de forma revolucionária

gegen die absolute Monarchie, das feudale Eichhörnchen und das Kleinbourgeoisie

contra a monarquia absoluta, o esguicho feudal e a pequena burguesia

Aber sie hören nicht auf, der Arbeiterklasse auch nur einen Augenblick lang eine bestimmte Idee einzuflößen

Mas eles nunca cessam, por um único instante, de incutir na classe trabalhadora uma ideia particular

die klarste Erkenntnis des feindlichen Antagonismus zwischen Bourgeoisie und Proletariat

o reconhecimento mais claro possível do antagonismo hostil
entre burguesia e proletariado

**damit die deutschen Arbeiter sofort von den ihnen zur
Verfügung stehenden Waffen Gebrauch machen können**

para que os trabalhadores alemães possam utilizar
imediatamente as armas de que dispõem;

**die sozialen und politischen Bedingungen, die die
Bourgeoisie mit ihrer Herrschaft notwendigerweise
einführen muss**

as condições sociais e políticas que a burguesia deve
necessariamente introduzir juntamente com a sua supremacia

**der Sturz der reaktionären Klassen in Deutschland ist
unvermeidlich**

a queda das classes reacionárias na Alemanha é inevitável

**und dann kann der Kampf gegen die Bourgeoisie selbst
sofort beginnen**

e então a luta contra a própria burguesia pode começar
imediatamente

**Die Kommunisten richten ihre Aufmerksamkeit
hauptsächlich auf Deutschland, weil dieses Land am
Vorabend einer Bourgeoisie Revolution steht**

Os comunistas voltam sua atenção principalmente para a
Alemanha, porque este país está às vésperas de uma revolução
burguesa

**eine Revolution, die unter den fortgeschritteneren
Bedingungen der europäischen Zivilisation durchgeführt
werden muss**

uma revolução que está fadada a realizar-se em condições
mais avançadas da civilização europeia

**Und sie wird mit einem viel weiter entwickelten Proletariat
durchgeführt werden**

e está fadado a ser realizado com um proletariado muito mais
desenvolvido

**ein Proletariat, das weiter fortgeschritten war als das
Englands im 17. und Frankreichs im 18. Jahrhundert**

um proletariado mais avançado do que o da Inglaterra no
século XVII, e o da França no século XVIII
**und weil die Bourgeoisie Revolution in Deutschland nur das
Vorspiel zu einer unmittelbar folgenden proletarischen
Revolution sein wird**
e porque a revolução burguesa na Alemanha será apenas o
prelúdio de uma revolução proletária imediatamente seguinte
**Kurz gesagt, die Kommunisten unterstützen überall jede
revolutionäre Bewegung gegen die bestehende soziale und
politische Ordnung der Dinge**
Em suma, os comunistas em toda a parte apoiam todos os
movimentos revolucionários contra a ordem social e política
existente
**In all diesen Bewegungen rücken sie als Leitfrage die
Eigentumsfrage in den Vordergrund**
Em todos esses movimentos eles trazem para a frente, como a
questão principal em cada um, a questão da propriedade
**unabhängig davon, wie hoch der Entwicklungsstand in
diesem Land zu diesem Zeitpunkt ist**
não importa qual seja o seu grau de desenvolvimento naquele
país no momento
**Schließlich setzen sie sich überall für die Vereinigung und
Zustimmung der demokratischen Parteien aller Länder ein**
Finalmente, trabalham em todo o lado pela união e acordo dos
partidos democráticos de todos os países
**Die Kommunisten verschmähen es, ihre Ansichten und
Ziele zu verheimlichen**
Os comunistas desdenham de esconder as suas opiniões e
objetivos
**Sie erklären offen, dass ihre Ziele nur durch den
gewaltsamen Umsturz aller bestehenden gesellschaftlichen
Verhältnisse erreicht werden können**
Eles declaram abertamente que seus fins só podem ser
alcançados pela derrubada forçada de todas as condições
sociais existentes

Mögen die herrschenden Klassen vor einer kommunistischen Revolution zittern
Que as classes dominantes tremam perante uma revolução comunista
Die Proletarier haben nichts zu verlieren als ihre Ketten
Os proletários não têm nada a perder a não ser as suas correntes
Sie haben eine Welt zu gewinnen
Eles têm um mundo a ganhar
ARBEITER ALLER LÄNDER, VEREINIGT EUCH!
TRABALHADORES DE TODOS OS PAÍSES, UNI-VOS!

www.ingramcontent.com/pod-product-compliance
Lightning Source LLC
Chambersburg PA
CBHW011735020426
42333CB00024B/2907